广东省中小学“百千万人才培养工程”系列丛书

中国高考评价体系下生物学试题命制研究

李杰 著

南方传媒 广东人民出版社
·广州·

图书在版编目（CIP）数据

中国高考评价体系下生物学试题命制研究 / 李杰著 .— 广州：广东人民出版社，2023.5

（广东省中小学“百千万人才培养工程”系列丛书）

ISBN 978-7-218-16600-1

Ⅰ . ①中… Ⅱ . ①李… Ⅲ . ①生物课—教学研究—高中 Ⅳ . ① G633.912

中国国家版本馆 CIP 数据核字（2023）第 084037 号

ZHONGGUO GAOKAO PINGJIA TIXI XIA SHENGWUXUE SHITI MINGZHI YANJIU

中国高考评价体系下生物学试题命制研究

李 杰 著

出 版 人：肖风华

责任编辑：王庆芳 朱东岳

责任技编：吴彦斌 周星奎

出版发行：广东人民出版社

地　　址：广州市越秀区大沙头四马路 10 号（邮政编码：510199）

电　　话：（020）85716809（总编室）

传　　真：（020）83289585

网　　址：http://www.gdpph.com

印　　刷：广东虎彩云印刷有限公司

开　　本：787 mm × 1092 mm 1/16

印　　张：11 **字　数**：220 千

版　　次：2023 年 5 月第 1 版

印　　次：2023 年 5 月第 1 次印刷

定　　价：48.00 元

如发现印装质量问题，影响阅读，请与出版社（020-85716821）联系调换。

售书热线：（020）85716863

总　序

求实笃行，守正创新
做扎根岭南大地的时代大先生

教师是教育改革发展的第一资源，教师强则教育强。近年来，党和国家对教师队伍建设的重视达到前所未有的历史高度，党的二十大更是把加快建设教育强国、科技强国、人才强国，作为全面建设社会主义现代化国家的基础性、战略性支撑。作为置身改革开放前沿的教育大省，广东省始终积极响应国家的教育发展战略，把教师队伍建设、教育人才建设摆在极其重要的位置，以培育一批教育家型教师、卓越教师和骨干教师为目标引领，2010 年至今已先后实施三批广东省中小学“百千万人才培养工程”，通过提炼教育改革典型经验与创新理念，打造具有鲜明岭南风格与广泛影响力的教育特色品牌，致力于为推进中国式教育现代化事业贡献智慧。

作为人才强教、人才强省的一项重要改革举措，广东省中小学“百千万人才培养工程”的深入实施，就是要持之以恒地通过教育人才培养机制的创新，探索名优教师成长规律，优化教师专业发展的环境，激发教师竞相成才的活力，真正形成让教育家型教师不断涌现的良好教育生态。

十多年来，中小学“百千万人才培养工程”通过不断完善培养机制，形成了较为科学的“顶层设计”，建立了省、市、县三级分工负责、相互衔接的中小学教师人才培养体系，坚持“系统设计、高端培养、创新模式、整体推进”的工作理念，遵循“师德为先、竞争择优、分类指导、均衡发展、公平公正”的工作原则，统筹安排好集中脱产研修、岗位实践行动、异地考察交流、示范引领帮扶、课题合作研究等“五阶段”，并注重理论研修与行动研修相结合、导师引领与个人研修相结合、脱产学习与岗位研修相结合、国外学习与海外研修相结合、研修提升与辐射示范相结合的“五结合”，从而有效解决了传统教师培训存在的问题与矛盾，让“百千万人才培养工程”成为助力教师队伍整体素质提升、助推全省教育现代化的“标杆工程”。

教育现代化首先是“人”的现代化，推进中国式教育现代化建设呼唤数以千计、数以万计教育家型教师的示范与引领。什么是教育家型教师？2021 年 4 月，习近平总书记在清华大学考察时强调，“教师要成为大先生，做学生为学、为事、为人的示范，促进学生成长为全面发展的人”。这实际上是为广大教师提出了职业发展的高标准，一个教育家型教师一定要胸怀“国之大者”，关心学生的精神成长、着眼于学生的全面发展和终身发展，立德树人，笃志于学，努力做新时代的大先生。

开辟新学，明德新民，岭南大地是一片有着优良文化传统的教育改革热土，生逢中华民族走向伟大复兴的新时代，今天的教育人更应该赓续初心，勇于担当，借助于“百千万人才培养工程”的制度赋能，立足于充满希望的教育实践原野，努力书写“立德、立功、立言”的精彩教育人生。

第一，要求实笃行，做勤学善研的育人者。

岭南大地向来有着求真务实、勤勉笃行的文化传统，正是凭着这样的实干精神，创造了经济社会发展的一项又一项奇迹。浸润在岭南文化精神中，广大校长教师始终笃守着为师的道义，躬身教育实践，用心用情地教书育人，并不断地思考、凝练和升华，同样创造出富有岭南教育文化特色的改革实践与教育理念。透视这些实践与理念，其中蕴含着真学习、真研究、真实践的教育价值导向。

深入研究学生，是育人之根。所有的校长教师，都应以学生为本来推进教育教学实践改革，关注学生的个体差异，包括智力、性格、情感、行为等方面的差异，了解他们的发展特点和需求，以便为他们提供个性化的教育；注重学生的生活体验和情感需求，帮助他们解决心理问题，调整情绪状态，创造良好的学习和生活环境，培养健康的心理素质和人格品质；关心学生的综合素质和发展潜力，引导学生参加各种活动，以培养其领导能力、创新能力、团队协作能力等非学科能力，提升其全面素质和可持续发展能力。我们坚信，一个育人之师必须要研究学生，为学生健康而全面成长服务。

深入研究课堂，是立身之本。课堂是育人的主阵地，也是师生共同成长的主要空间。校长和教师一定要沉潜在课堂一线，关注师生的课堂生活质量。从学生的学习兴趣和需求出发，引导学生主动参与课堂教学，激发学生的学习热情，使其在学习中得到满足和成长；要不断创新教学方法和策略，灵活运用不同的教学策略和技巧，提升学生的学习能力和思维品质，促进知识的内化与能力的输出；同时还要对课堂教学的内容、形式、效果等方面进行全面的评估和反思，不断提高课堂教学质量和效果。优秀的校长和教师的生命力在课堂中，脱离了课堂教学，任何教育创新都是“无本之木”。

深入研究管理，是兴教之源。教育管理，事关一所学校的“天地人和”，能够让每个人各展所长、各种资源得到适当调配，让人财物完美契合。这就要求校长教师要注重教育的发展战略和规划，善于构建教育愿景，以此来制订教育教学计划，为学生提供更优质的教育服务；注重管理机制和制度的建设，从招生到课程安排，从班级管理到教学管理等，无不体现规范与科学；此外还要注重自身与队伍的终身发展，不断提升团队建设水平，优化组织文化，在协商共治中走向教育治理，用良好的组织文化引导人、凝聚人、发展人。

第二，要守正创新，做知行合一的自强者。

教育是一项继往开来的事业，既需要继承传统，循道而行；又需要开创未来，大胆创造。一个优秀的校长或教师要掌握并尊重教育的基本规律，包括党和国家关于教育的方针政策、发展方向以及制度规定等，唯有如此，才能行稳致远，保障教育高质量发展。同时面对教育中不断出现的新情况、新问题和新挑战，要有改革思维与问题意识，发挥好主动性和创造性，在不断破解问题中实现教育的新发展。

一方面，要做好教育传承，弘扬教育文化自信。党的二十大报告提出，坚持和发展马克思主义，必须同中华优秀传统文化相结合。这启示我们，办好教育必须珍视既有的文化传统，植根于本民族、本区域历史文化沃土。岭南是传统文化蕴藉深厚之地，有着丰富的地域文化可作为教育的资源，也经一代代教育人的探索形成了许多宝贵的教育经验与理念。这些都是帮助我们办好今天教育的精神财富，作为校长和教师一定要通过学习，研修了解岭南教育的传统，做好教育资源的调查研究，用本土化、特色化的教育实践彰显教育文化自信，做有根的教育。

另一方面，要推进教育改革，以新理论指导新实践。教育要培养面向未来的一代新人，因此必须常做常新，满怀热忱地拥抱新生事物，要在不断学习中适应新情况、创造新经验。勇立潮头、敢为人先也是岭南的文化精神之一。广大校长和教师要敢于迎难而上，主动作为，面对教育工作中的问题或困难不抱怨、不懈怠、不推诿，充分激发成长的内驱力；要认识到所谓的问题恰恰是改变的契机，我们的教育智慧、我们的教育事业都是在不断破除困难、解决难题中得以发展；要不惮于说前人没有说过的话、做前人没有做过的事，不断拓展认识深度和广度，力争创造出更多教育改革的“广东经验”“广东智慧”，这才是教育家型教师应有的胸怀胆识。

第三，要海纳百川，做担当使命的引领者。

优秀的校长、教师与班主任，在一定程度上都是先进教育文化的代表，这就意味着我们在“百千万人才培养工程”这个项目平台上，必然要承担更大责任，履行更大使命，有更高的精神追求。除了在高水平研训活动中完善自我、提升自我之外，还要胸怀天下、海纳百川，凝练自己的教育教学实践成果，升华对教育教学的思想认知，形成具有示范性、影响力的教育特色品牌，带动更多的学校和教师共同成长，一起不断地提升教育品质，推动教育高质量发展。

凝练教育特色品牌，从经验积累走向理论思考。一位优秀的教育者必然要做到知其然并知其所以然，不断增进对所从事教育工作的规律认知和价值思考。我们的名校长、名师和名班主任要立足自己丰富的实践经验，不断学习、不断反思，在专家指引和同行启示下，结合教育学、心理学、社会学等学科理论，将个人的实践经验凝练和表征为富有内涵的概念与符号，确立起具有鲜明个性特点与自我风格的教育教学品牌性成果，从行动自觉走向理论自觉，并用自我建构的理论或工具去指导实践、印证实践、优化实践，从“名师”走向“明师”。

用好教育特色品牌，从个体实践走向群体发展。实践经验范型一旦表征化为符号、概念，就立刻具有凝聚力、解释力与普适性，这就有助于引领、启发和影响更多的教师，结成教育发展的共同体，共同优化教育教学实践。各位名校长、名师和名班主任要发挥教育特色品牌的示范性，依托工作室平台，不断地吸收新生教师力量，不断地影响更多教育同行。正所谓独行速，众行远。以品牌建设为纽带，让每一位名师都发挥“磁场效应”，真正达到造就一位名师，受益和成长起来一批优秀教师的局面。让这些在岭南大地上星罗棋布的名师交相辉映、发光发热，照亮广东教育的美好未来。

升华教育特色品牌，从著书立说走向文化传播。近代以来，无论是岭南文化还是岭南教育，始终开一代风气之先，形成了许多影响全国的好经验、好理念和好的发展模式，同时也在教育文化的交流传播中更好地促进我们自身的发展。今天的校长和教师是岭南教育文化新的代表，也要有一种开放的胸怀和眼光，在教育全球化、信息化的背景下海纳百川、兼收并蓄，同时也要积极传播自身教育的优秀成果，在更大的教育发展平台上与名师名家、教育同行、社会各界交流对话，发出教育的声音，讲好教育的故事，扩大教育的传播力与影响力，增进不同教育文化的理解与互鉴。

正因此，看到又有一批“百千万人才培养工程”的优秀教育成果即将付梓面世，作为这项工作的管理者、参与者和见证者，由衷感到骄傲和自豪。古人云，“言而不文，行之不远”。希望我们广东的优秀校长和教师更加重视教育教学成果的凝练升华，这本身就是一件创造性的工作，也是更好地激发自身教育潜能、唤醒更多教育人生命活力的有效途径。愿这样的优秀教育成果能够发挥更大品牌效应，引领更多教育人不忘初心，潜心育人，参与到中国式教育现代化的伟大事业中，为中华民族的伟大复兴做出教育人应有的贡献。

是为序。

2023 年 5 月

■ 序

2014年教育部提出研究制定各学段学生发展核心素养体系。2016年教育部发布《中国学生发展核心素养》。2017年教育部发布《普通高中生物学课程标准》，且于2020年进一步修订，提出要以核心素养为宗旨，着眼于学生适应未来社会发展和个人生活的需要，从生命观念、科学思维、科学探究和社会责任等方面发展学生生物学核心素养，并提出重视以评价促进学生的学习和发展，重视评价的诊断作用、激励作用和促进作用。评价要以学生发展为本，以生物学课程内容、学业质量标准为依据，聚焦学科核心素养，促进教师的教和学生的学。而目前最重要的评价方式之一是试题测试，学科素养、学科能力最终是在平时测试和高考的考查中通过一定的题目呈现，同时平时作业和复习中进行一定量的试题训练也是必需的。

2019年教育部考试中心发布《中国高考评价体系》及《中国高考评价体系说明》，从高考层面对“培养什么人、怎么培养人、为谁培养人”这一教育根本问题给出了回答。中国高考评价体系的构建，是健全立德树人落实机制、实现德智体美劳全面发展育人目标的必经之路，同时提出了价值引领、素养导向、能力为重、知识为基的考试命题理念，这也为平时我们的命题指明了方向。

劣质试题无疑会浪费学生的有限时间，甚至误导学生的视线，干扰学习方向。在新高考、新课标、新教材和“双减”背景下，教学过程中不能盲目一味依赖现成资料，应根据学情实际，紧扣课程标准、教材，既重双基又抓素养和能力提升，有计划、有组织、有针对性地精心编题，这样不仅有利于学生跳出题海战术，减轻学生负担，而且可以有效拓展学生思维，提高学生分析、评价、创造等高阶思维能力，进而发展学生生物学核心素养。

高中生物教学过程中利用习题教学是有效提高学生知识运用能力和生物学素养的重要途径。学科思想、学科能力的考查，最终需要通过一定的题目呈现，教学过程中一定量的训练和测试是必要的。如何在“价值引领、素养导向、能力为重、知识为基”的理念下有计划、有组织、有针对性地精心编创一定量的精品试题，并在教学课堂及各类型测试中合理运用是教师不得不面对和思考的问题。原创试题编制出来之后是否能够很好地起到测试、选拔、巩固知识、提升能力、反馈等作用，需要对试题进行有效的评估和评价。好的评价机制，例如运用教育测量学原理、SOLO 分类法等评价方式可以对试题进行有效评价，反馈出相应问题，进而对试题进行再次地加工、改进和完善，使之更加符合教学实际，更好为高中生物教学服务，提高高中生物教学质量。

本书试图从理论与实践相结合的角度对原创试题命制和评价做出较为系统的回应。本书主要包括三个方面：中国高考评价体系下的试题要求、原创试题命制的一些策略和方法、试题评价的方式。第一部分是从理论方面来谈一谈试题命制的作用和要求，第二部分是借助大量的命题案例来总结和凝练试题命制的策略和方法，第三部分是理论和实践相结合来探讨如何对试题进行有效评价。

本书受广东省“百千万人才培养工程”科研项目资助，是广东省教育科学“十四五”规划 2022 年度课题“基于模型建构教学培养学生高阶思维能力的研究”（课题批准号：2022YQJK173）、广东省中小学“百千万人才培养工程”专项科研项目 2021 年度课题“模型及模型建构在高中生物学教学中的实践研究”（课题批准号：BQW2021JGL006）重要成果。也是广东省教育科学“十三五”规划 2016 年度课题“新高考背景下利用生物原创试题培养学生高阶思维能力的研究”（课题批准号：2016YQJK067）的结题成果之一。本书可以看作是笔者近十年有关生物学原创试题命制及近几年模型建构教学方面的一个探索和总结。期待本书能够给广大高中生物教师启发，以期抛砖引玉，为大家命制原创试题及试题评价提供帮助。让我们共同期待更多更好的生物学原创试题不断涌现，为培养造就一大批优秀生物教师做出积极的贡献！

著　者

2023 年 5 月

目录 CONTENTS

第一章
原创试题与高考评价体系性

2019 年教育部考试中心颁布《中国高考评价体系》，该体系是根据新时代党的教育方针与国家教育改革相关政策文件构建的、符合素质教育全面发展要求的、用于指导高考内容改革和命题工作的测评体系，为健全立德树人、实现德智体美劳全面发展育人目标指明了方向。高考评价体系高度契合了高中课程改革理念，为高中课堂教学改革提供了强有力的支持，能够更好地服务于新时代的人才培养。

高考评价体系主要由“一核”“四层”“四翼”三部分构成。其中“一核”为核心功能，即“立德树人、服务选才、引导教学”，是对素质教育中高考核心功能的概括。“四层”为考查内容，即“核心价值、学科素养、关键能力、必备知识”，是素质教育目标在高考中的提炼。“四翼”为考查要求，即“基础性、综合性、应用性、创新性”，是素质教育的评价维度在高考中的体现。这些要求为广大高中教师命制原创试题提供了方向和指引，为命制高质量的符合新时代育人理念的试题提供了有效支撑。

高考评价体系中提到的“情境”即“问题情境”，指的是真实的问题背景，是以问题或任务为中心构成的活动场域。因此生物学情境化试题是将抽象的生物学规律、概念和生活实际中真实存在的具体问题相联系的一类试题，体现了理论联系实际和学以致用的观念。学生要在核心价值引领下利用所学知识和所具备的关键能力来解决相关实际问题，全面展现自我生物学素养水平。对于高中生物教师来说，命制原创试题在情境化方面的创设和应用要很好地承载生物学核心素养的考查，彰显高考评价体系的理念。

第一节　生物学原创试题与“一核”

高考评价体系的核心功能为“立德树人、服务选才、引导教学”，回答的是“为什么考”的问题，即高考评价体系的“一核”。生物学原创试题要向高考试题靠拢，努力实现三个主要功能。

一、原创试题要以落实“立德树人”为根本任务

2018 年，习近平总书记在全国教育大会上指出，要把立德树人融入思想道德教育、文化知识教育、社会实践教育各个环节，贯穿基础教育、职业教育、高等教育各个领域，学科体系、教学体系、教材体系、管理体系要围绕这个目标来设计，教师要围绕这个目标来教，学生要围绕这个目标来学，凡是不利于实现这个目标的做法都要坚决改过来。《中国高考评价体系说明》也指出要将立德树人作为教育的根本任务，始终坚持正确的政治方向和价值取向，不断强化育人功能和积极导向作用，培养和选拔德智体美劳全面发展的社会主义建设者和接班人。可见，立德树人在教育改革中发挥着统领作用。因此生物学原创试题的命制中，要通过情境强化学生理想信念、爱国主义情怀、品德修养、知识见识、奋斗精神、综合素质等方面的考查，引导学生培养和践行社会主义核心价值观，增强学生道路自信、理论自信、制度自信、文化自信，从而实现育人价值。原创试题要在素材选择、情境设计、试题立意、价值引领方面积极落实立德树人的根本任务，充分发挥生物学科的独特育人价值。例如以中国优秀传统文化为试题素材背景，通过渗透的形式促进学生对中国文化的认同感和自豪感。再如以中国生物学技术新成果、新进展为试题情境，激发学生民族自豪感和自信心。

二、原创试题要以“服务选才”来把握命制方向

人才是第一生产力和竞争力。我国自古就有重视人才、尊重人才、培养人才的优良传统。习近平总书记特别强调，国家发展靠人才，民族振兴靠人才，人才是兴国之本、富民之基、发展之源。高考是当前国家选拔人才的重要途径，因此发挥“服务选才”的核心功能是高考的基本使命。如何全面有效区分人才，如何让区分具有可信度，这是高考试题和原创试题完成使命的关键所在。人才的层级首先表现为能力和素养水平的不同。生物学科要求考查学生理解能力、实验探究能力、解决问题能力和创新能力这四种能力。另外，生物学科具有基础性强、应用性广泛等特点，要以原创试题为工具，多角度考查学生生命观念、科学思维、科学探究和社会责任四个方面的素养。原创试题要注重这四种能力和四方面素养考查的合理权重分配，有效评价学生的能力和素养层级，从而对于选拔人才具有积极的参考价值。因此教师在命制生物学原创试题时要在把握国家人才选拔方向的基础上，深入研究高考在知识、能力、素养方面的要求，以“服务选才”的高度来把握命题的方向和质量。

三、原创试题要对“引导教学”有积极的推进作用

长期以来，教学和考试如何有效的统一是基础教育改革的难点。一方面高考作为指挥棒一直影响着日常教学，另一方面日常教学异化成为追逐高分的工具，表现在唯分数论、片面追求升学率、教学功利化等，不考试的内容不进行教学成为教学的选择尺度。《中国高考评价体系》面对这一问题，明确提出：高考必须引导教学。将“引导教学”纳入核心功能，有利于厘清教学和考试的关系，有效缓解现实中教学和考试的矛盾，扭转了教育的功利化倾向，以进一步健全立德树人，完善“五育”并举的育人体系，在教育评价方面发挥积极的导向作用。另外高考评价体系将培养学生的综合素质、基础教育改革、促

进学生全面发展、培养学生终身学习能力、落实立德树人的根本任务作为核心目标，通过改革考试内容、考查要求、考查方式、考查载体，将新课程改革理念落实到考试当中，积极引导基础教育改革，实现素质教育的培养目标。因此要深入学习和理解高考评价体系的内容，能够在原创试题命制时提供“引导教学”的理论支撑。生物学原创试题在“引导教学”方面要改变过去那种单一的和静态的能力考查方式，而是要以学以致用的理念注重运用不同的生活实践情境和实验探究情境综合性考查学生的能力和素养。这种考查方式高度契合高中生物新课程标准的理念和评价目标，对于高中生物学教学有着积极正面的引导作用，有利于学生生物学核心素养的培养和有效提升。

第二节　生物学原创试题与“四层”

《中国高考评价体系》指出:“四层”为高考的考察内容，即“核心价值、学科素养、关键能力、必备知识”，回答的是“考什么”的问题。

一、原创试题与核心价值

《中国高考评价体系》指出，核心价值是指即将进入高等学校的学习者应当具备的良好政治素质、道德品质和科学思想方法的综合，是在各学科中起着价值引领作用的思想观念体系，是其面对现实问题情境时应当表现出的正确情感态度和价值观的综合。核心价值集中反映了国家、党中央的教育方针和立德树人的根本任务，体现了德智体美劳全面发展的育人目标，在高考评价体系的考查内容中居于首要位置，引领学科素养、关键能力和必备知识三项考查内容。核心价值主要包含“政治立场和思想观念、世界观和方法论、道德品质和综合素质”3 个一级指标和 10 个二级指标。从核心价值来看，生物学核心素养旨在增强学生中国特色社会主义道路自信、理论自信、制度自信、文化自信，弘扬中国优秀传统文化，发展社会主义先进文化；坚持唯物主义辩证法，运用联系、发展和矛盾的观点观察和分析问题，坚持理论联系实际；具有健康意识，注重增强体质，健全人格，锤炼意志，珍爱生命，热爱生活；崇尚劳动、热爱劳动，树立劳动意识；树立人与自然和谐共生的观念，形成生态文明意识，保护和合理利用自然资源，实现可持续发展，等等。

核心价值考查内容本质上是回答“培养什么人”，这一教育的首要问题，是国家主流意识形态在高考评价中的具体表现和鲜明态度，是原创试题命制的导航仪。因此在生物原创试题命制过程中，要深刻把握核心价值的基本指标和基本内涵，在试题情境中有所体现。

二、原创试题与学科素养

《中国高考评价体系》指出，学科素养是即将进入高等学校的学习者在面对生物实践或学习探索情境时，能在正确的思想观念指导下，合理运用科学的思维方法，有效整合学科相关知识，运用学科相关能力，高质量认识问题、分析问题、解决问题的综合品质。学科素养融合了教育部课程标准中的核心素养要求，和高效人才选拔要求中的素养内涵。学科的必备知识和关键能力是基于学科素养导向确定的。学科素养在高考考查中起着导向作用，包括“学习掌握”“实践探索”“思想方法”3个一级指标和9个二级指标。

学科素养突出考生在复杂情境中解决问题的能力，体现为对必备知识和关键能力的综合运用。“解决问题”在学科素养中处于目标指向地位，推动考试从“考查知识”向“考查能力和素养”、从“考查结果”向“考查过程的转变”。新高考生物学考查的素养包含知识与观念、探究与创新、科学思维、责任与担当。准确把握学科素养的基本指标和基本内涵，是原创试题进行命制的重要依据。因此，原创试题要通过情境为学科素养的呈现提供载体，让学生通过面对生产生活实践去把握问题的实质，运用必备知识和关键能力做出有效应答。

三、原创试题与关键能力

《中国高考评价体系》明确指出，关键能力是指即将进入高等学校的学习者在面对与学科相关的生活实践或者学习探索问题情境时，高质量认识问题、分析问题、解决问题的能力。关键能力是体现学科素养要求的能力表征。每个学科都有自己的关键能力要求，作为纲领性文件，《中国高考评价体系》结合学生认知发展实际，高度提炼了三个方面的关键能力群，即以认识世界为核心的知识获取能力群、以解决实际问题为核心的实践操作能力群，以及涵盖了各种关键思维能力的思维认知能力群。这三个能力群基于学科素养导向，承接学科素养要求，符合考试评价规律，适合作为主要考查内容，区分学生能力水平高低。关键能力是高考考查的重点，在实现从“知识立意”“能力立意”命题理念向“价值引领、素养导向、能力为重、知识为基”命题理念转变过程中起到承前启后的衔接作用，是克服“唯分数”“唯升学率”论的抓手之一。

关键能力在每个学科所涉及的能力点都比较多，其在学科培养中侧重点也不尽相同。某些关键能力是某学科所特有，关键能力是以必备知识的学习探究为载体培养出来的，表现为对必备知识的应用，是形成学科素养的必要前提，是整合学科相关知识和运用学科的相关能力，是高质量解决问题所必须具备的能力。从考查的角度来看，侧重关键能力的考查是生物学科原创试题命制的重点。生物学科关键能力包括理解能力、实验探究能力、解决问题能力和创新能力，凸显关键能力考查的原创试题，才是合格乃至优秀的试题。

四、原创试题与必备知识

《中国高考评价体系》指出，必备知识是指即将进入高等学校的学习者在面对与学科相关的生活实践或学习探索问题情境时，高质量地认识问题、分析问题、解决问题所必须具备的知识。必备知识不是零散的知识点，它是由基本事实、基本概念、基本原理等组成的基本知识体系，必备知识是高考考试内容的基础。

生物学必备知识指向生物学科的基本事实、基本概念、基本技术与基本原理，包括陈述性知识和程序性知识，是应对情境所必须具备的各种复杂的产生式系统。生物学必备知识与关键能力一样，是生物学学科素养的基础。深刻把握必备知识的内涵，是命制生物学原创试题的重要途径。在命制生物学原创试题时，要以基本原理、基本概念和基本技术为重心，在此基础上考查学生关键能力和学科素养。

第三节　生物学原创试题与“四翼”

高考评价体系中的“四翼”是指“基础性、综合性、应用性、创新性”。“四翼”的考查要求是立足于素质教育应达成的内容表现与形式表现，主要回答了“怎么考”的问题。

一、原创试题与“基础性”

“基础性”是高考评价体系第一项的考查要求。教研活动是分不同学段开展的，教育教学是一个连续的过程，前一个学习阶段的学习成果是后一个学习阶段的基础。《中国高考评价体系》指出，对于即将进入高等学校学习的学生来说，应该为继续学习和终身发展打下牢固的基础。这个“基础性”主要表现在具备对生活实践或学习探索问题情境的基本知识、基本技能和基本素养，具备进入高等学校进行专业学习和终身发展所需的必备知识、关键能力和学科素养。“基础性”包括学科内容的基本性、通用性和情境的典型性。它要求以生活实践或者学习探索实践中最基本的问题情境作为任务创设和基本知识运用考查的载体，对即将进入高等学校的学习者应该掌握的学科基本概念、原理、技能和思维方法进行测量和评价。

只有扎实的基础才能造就学习的高楼，只有根深才能叶茂，只有夯实基础学生才能在以后的学习和工作中更好地发展。原创试题要将“基础性”作为考查要求的第一项内容，充分表明在测试评价体系中的基础地位和根基意义。原创试题要关注生物学科的主干内容，关注学生在未来生活、学习和工作中所具备不可或缺的知识、能力和素养。与基础性考查相匹配的考查是通过典型情境来完成。所谓“典型性”，一方面指考查内容的基础性，另一方面是指考查方式的典型性。例如重点考查学生概念原理、基本操作技能等内容，以教材中的原型实验、探究活动等内容为素材进行试题设计。

二、原创试题与“综合性”

目前教育要求注重对学生综合素质的培养，而“综合性”被列入高考评价体系中的“四翼”考查要求。《中国高考评价体系》指出，具备良好综合素质的学生能够综合运用科学的思维方法，合理地组织、调动不同学科的相关知识和能力，高质量地应对生活实践或学习探索中复杂的问题情境，能够触类旁通、举一反三，甚至融会贯通。就“综合性”而言，具体可分为两类：一类是对同一层面的知识、能力、素养能够横向融会贯通，形成完整的知识结构、能力结构网络；二是对不同层面的知识、能力素养能够纵向融会贯通，了解必备知识、关键能力、学科素养和核心价值之间是紧密相连且具备内在逻辑联系的整体。要注意的是“综合性”不仅针对学科内容，还包括试题情境的复杂性。从学科内容选择的角度来看，“综合性”要求以多项相互关联的活动组成的复杂情境作为载体，能够反映学科知识、能力内部的整合及其综合运用。

“综合性”是对考生解决生物学问题的综合素质考查，也是对原创试题的要求，主要有以下几个方面：一是学科知识网络中的综合，例如概念与概念、原理与现象、学科与学科等之间的综合；二是基本能力内部的综合，要求学生综合运用生物学科各种能力和思维方法，有效解决复杂情境中的相关问题；三是知识、能力、素养三者之间的综合，知识是解决问题的基础，能力是解决问题的保障，素养是运用知识与能力解决问题的品质；四是问题情境的要素多样，情境较为复杂。

三、原创试题与“应用性”

习近平总书记强调：“学习的目的全在于应用。”这一观念落实到高考评价中，就是要突出评价的“应用性”。高考评价体系从国家发展的高度强调指出素质教育的根本任务在于培养社会主义接班人，培养能够扎根人民、奉献国家、肩负民族复兴使命的新时代人。素质教育培养出的合格人才要能够学以致用，能够探索和解决日常生活、科学研究、国家发展乃至人类社会面临的各种问题。结合“应用性”就是“善于观察现象，能够主动灵活应用所学知识分析和解决生活实践中的问题，高度关注与国家经济社会发展、科学技术进步、生活实际等紧密联系的内容和问题，具备良好的实际问题解决能力”。

“应用性”要求生物原创试题要以贴近时代、贴近社会、贴近生活的生活实践或学习探索问题情境为载体，设计生活生产中的实际问题。“应用性”强调学以致用，对应着学生能力级别的应用。“应用性”要求在学科素养的引导下，运用合适的思维方法和关键能力，综合所学知识和技能来解决生活实践中的真实问题。生物学科与农业生产、环境保护、医疗卫生等方面密切相关。生物原创试题要考查学生运用生物学基本原理、实验探究等能力，在具体的情景中加深学生对生物学科本质的理解，让学生体会生物学知识的具体价值和神奇力量。

四、原创试题与“创新性”

习近平总书记指出:“创新是一个民族进步的灵魂，是一个国家兴旺发达的不竭动力，也是中华民族最深沉的民族禀赋。”创新是我国当前五大发展理念之一，而且是第一理念。知识创新、科技创新和体制创新的根本是创新型人才的培养。高考评价体系将“创新性”列为“四翼”考查要求，是对时代发展要求的呼应，也是对人才选拔的理性思考。

“人才是创新的根基，是创新的核心要素，创新驱动实质上是人才驱动。”高考是人才选拔的重要机制。《中国高考评价体系》提出的德智体美劳全面培养的教育体系突出了对创新思维的培养，国家科教兴国和人才强国策略也为创新型人才培养提供了方向。《中国高考评价体系》进一步指出发散性思维、逆向思维、批判性思维等思维是创新思维的重要特征。具备良好的创新思维的学生能够摆脱思维定式，善于独立思考，敢于创新创造。

因此“创新性”的生物学原创试题要求合理的试题情境，设置新颖的试题呈现方式、设问方式，要求学生在新颖或陌生的情境中主动思考和探索，完成开放性或者探究性问题。同时创新性原创试题对学生多角度、多层次综合能力考查，突出分析问题、解决问题能力的考查，要求学生打破常规思路，积极探索，激发学生想象力，拓展思维的广度和深度，促进创新能力的发展。

第二章
试题情境

第一节　试题情境与情境活动

一、情境的定义和特性

高考评价体系最重要的创新之一，即通过“四层”考查内容将学科能力考查与思想道德渗透有机结合，利用“学科素养”这一关键连接层实现了融合价值、能力、知识的综合测评，从而使“立德树人”真正在高考评价实践中落地。情境正是实现这种“价值引领、素养导向、能力为重、知识为基”的综合考查的载体。

情境是什么？从广义上来说，它是指影响个体行为变化的各种刺激（包括物理的或心理的）所构成的特殊环境。在心理学中，情境被界定为：在特定环境背景下，个体行为活动的即时条件，包括个体既成的人格倾向，当时的认知、情绪、意向特点等主体条件；也包括当时周围的环境，尤其是进入个体意识范围的环境。该界定强调“情境”具有两个维度：一是认知主体，二是认知主体所处的客观环境。

与“情境”对应的英文是“situation”，美国的学术和教育字典，韦伯斯特字典的解释是：all of the facts，conditions，and events that affect someone or something at a particular time and in a particular place，情境是在某个特定的时间和地方，影响某人或某事的所有的事实、状况和事件。

在当代心理学理论中，“情境”的内涵经历了一个不断完善的过程。行为主义者将情境界定为客观或自然的刺激环境，而将意识、动机等内部心理过程完全排斥在外。社会学理论则开始强调客观环境或情境的社会意义，认为情境更主要的是个体对客观环境的认知、体验、期待和倾向，个体的行为取决于个体对特定环境的认知建构。建立在现象学基础上的格式塔学派则将情境的内涵进一步推向“主观化”，认为情境主要是一种心理化的环境，其实质在于个体对客观环境或情境所赋予的主观意义。勒温的“场论”继承了格式塔学派的传统，进一步丰富了情境的内涵，它认为情境是一种不确定性的心理场或生活空间。

系统来看，情境关注的是一个系统以及在这个系统中，主体之间、主体与所处环境中的材料资源、信息资源和概念性资源所发生的交互作用。情景与情境有所不同，“情景”的“景”是具体、直观和吸引人的，指具体场合的情形、景象。“情境”的“境”是指构成和蕴含在情景中的那些相互交织的因素，及其相互之间的关系。

高考评价体系中所谓的“情境”，即“问题情境”，指的是真实的问题背景，是以问题或任务为中心构成的活动场域，指个体面临的问题和它所具有的相关经验所构成的系统。合适的问题情境指的是外部问题和内部知识经验条件恰当程度的冲突，使之引起最强烈的思考动机和最佳的思维方向的一种情境。

情境是学习的本质属性，任何有意义的学习都是在知识产生与实际运用的情境中进行的。在没有背景的情境下获得的知识，经常是惰性的和不具备实践作用的，即不会理解和迁移运用的，根本无法形成解决实际问题的能力。高考将问题放置在学生熟悉的生活环境中，强调解决实际问题的能力，注重用学生熟悉的经验来测试解决问题的能力。在解决问题的过程中考查学生的知识与技能的水平，情境是知识迁移能力测评的关键。

情境的特性包括真实性、知识性、探究性、应用性、情感性等，其中真实性是情境的首要条件。情境越真实或接近真实，越能有效地测评学生对生活、社会和科技的关注，越能有效地测评学生利用所学知识发现、处理和解决真实情境中的问题的能力。这是符合建构理论的，即学习情境越真实，学习主体建构的知识也就越可靠，从而准确评价学生是否从学习中获得了“真实的知识”。

PISA 对科学素养的定义包含四要素：科学情境、科学知识、科学能力和科学态度。在这四个要素中，科学情境则是最基本的要素。在处理科学问题时，方法的选择以及表现通常与问题所置的情境相关。因此，PISA 科学素养评价通过评价试题的情境化，让学生把学会的科学知识迁移到现实的问题情境中，测试隐含在情境中或与情境相关的科学能力、知识和态度中，从而考查学生是否有能力在真实的生活中运用已掌握的科学知识与技能，并以科学的态度处理生活世界中的问题。

二、情境活动的定义

“情境活动”是指人们在情境中所进行的解决问题或完成任务的活动。这个活动需要必备知识和关键能力才能完成，活动的性质决定了要考查的学科素养中的四个维度。

根据目前高考的考查方式，高考内容的问题情境是通过文字与符号描述的方式，即纸笔形式进行建构的，而情境活动也同样是通过文字与符号的形式进行的。

高考评价体系中的“四层”考查内容和“四翼”考查要求，是通过情境与情境活动两类载体来实现的，即通过选取适宜的素材，再现学科理论产生的场景或是呈现现实中的问题情境，让学生在真实的背景下发挥核心价值的引领作用，运用必备知识和关键能力去解决实际问题，全面综合展现学科素养水平。

第二节　生物学情境分类与情境活动分层

一、情境的分类

情境本身不是单一的，而是多样的。《MIT 认知科学百科全书》将情境分为三类：物理的或基于任务的；环境的或生态的；社会的或互动的。

如果从教育教学角度出发来进行营造情境的因素分类，则可以有引起感觉的情境，包括视觉、嗅觉、听觉、动觉等。例如用图画、现场、实物等营造视觉的情境；用花香和各种味道的刺激营造嗅觉的情境；用音乐、鸟语、诗歌朗诵等营造听觉的情境；用表演、活动、实验等营造视觉与动觉混合的情境；等等。除此之外，还可以有媒体营造的情境、符号工具营造的情境，以及由隐喻引发的情境知觉，其功能是一致的，就是唤起学生对特定知识的符号认知与体验。

如果从教育评价测试的角度出发，来进行营造情境的因素分类，则可以从知识产生和应用来分，也可以从个人学习和真实现实生活所处的环境来分，还可以从学习心理的角度来分。其功能都是能引起外部问题和内部知识经验条件的恰当程度的冲突，测试隐含在情境中或与情境相关的科学能力、知识和态度中，从而考查学生是否有能力在真实的生活中运用已掌握的科学知识与技能，在解决问题的过程中考查学生的知识与技能的水平。

PISA 科学试题情境最显著的特点就是真实，所有测试题的情境都来源于真实的现实生活，是学生在日常生活中有可能遇到的问题。PISA 把这些现实世界里的科学情境分为三个层级：个人的（自我、家庭和群体）、社会的（社区）和全球的（世界范围内的生存）。又将这些科学情境的具体内容划分为健康、自然资源、环境、危险和科技前沿等五大领域。三个层级和五大领域相互交叉，形成了一共 15 种科学情境。

应用领域背景	个人的（自我、家庭和群体）	社会的（社区）	全球的（世界范围内的生存）
健康	保持健康，意外，营养	疾病控制，社会传播，食品选择，社群健康	流行病，传染病的扩散
自然资源	物质和能源的个人消费	保持人口数，生活质量，安全，食品的生产和分配，能源提供	可再生和不可再生，自然系统，人口增长，可持续利用的物种
环境	环保行为，材料的使用和处理	人口分布，垃圾的处理，环境影响，当地气候	生物多样性，生态可持续性，人口控制，土壤的养护和流失
危险	自然的和人为的，有关住房方面的决定	迅速的变化（地震、恶劣天气），缓慢的渐变（海岸侵蚀、沉积），风险评估	大气变化，现代战争的影响
科技前沿	对自然现象的科学解释方面的兴趣，科学有关的兴趣爱好、运动以及休闲、音乐，个人技术	新材料，装置以及处理，基因转变，武器科技，运送	物种灭绝，空间探索，宇宙的起源和结构

基于知识产生和应用方式的不同，高考评价体系中的情境可以分为两类。第一类是“生活实践情境”。这类情境与日常生活以及生产实践密切相关，考查学生运用所学知识解释生活中的现象、解决生产实践中的问题的能力。第二类是“学习探索情境”。这类情境源于真实的研究过程或实际的探索过程，涵盖了学习探索与科学探究过程中所涉及的问题。学生在解决这类情境中的问题时，必须启动已有知识开展智力活动，同时在解决问题的过程中运用创新的思维方式。

二、情境活动的分层

基于情境的复杂程度，高考评价体系中的情境活动可以分为两层：第一层是简单的情境活动，此类情境活动中，需要启动的是单一的认知活动，即面对问题时只需要调动某一知识点或某种基本能力便可解决。第二层是复杂的情境活动，此类情境活动涉及的是复杂的认知活动，主要考查学生综合运用知识和能力应对复杂问题的水平。该类情境活动主要取自国际政治经济、党和国家政策改革、社会发展、历史事实、科技前沿等方面。

高考以生活实践问题情境与学习探索问题情境为载体，回归人类知识生产过程的本源，还原知识应用的实际过程，符合人类知识再生产过程的规律，在考查学生知识和能力的基础上，评价其价值取向、测评其学科素养水平，从而发挥高考评价体系中“价值引领、素养导向、能力为重、知识为基”的作用。为解决在当今知识爆炸时代，如何通过考试引领教育回归到培养人、培养学生形成改造世界的实践能力这一重大问题提供了可行的路径。

第三节　原创试题情境与“四层”“四翼”的关系

一、原创试题情境和“四层”的关系

（一）原创试题情境与核心价值的关系

核心价值集中反映党的育人方针和立德树人的根本任务，体现德智体美劳全面发展的育人目标，在高考评价体系的考查内容中居于首要位置，引领其他三项考查内容。原创试题要借助生物学情境来弘扬和渗透社会主义核心价值

观，增强考生中国特色社会主义道路自信、理论自信、制度自信、文化自信，立志肩负起实现中华民族伟大复兴的时代重任。借助生物学情境帮助考生从系统的视角理解人与人之间、人与其他生物之间、其他生物之间以及生物与环境之间的密切联系，遵循自然规律，树立人与自然和谐共生的观念，形成生态文明意识，保护和合理利用自然资源，实现可持续发展，客观认识生物学理论和技术的进步对人类社会发展的意义。

借助生物学情境引导考生一切从实际出发，坚持用联系、发展、辩证的观点观察和分析生物学现象，善于透过现象看透科学本质；坚持理论联系实际，通过实践检验规律和真理，完善不足、修正错误。借助生物学情境引导考生正确理解生命的价值，具有健康意识，注重增强体质、健全人格、锤炼意志，尊重和热爱生命，养成健康的生活方式。借助生物学情境培养考生高雅的审美情趣和良好的审美意识，在生活中善于感受美、欣赏美和创造美。借助生物学情境培养考生尊重劳动、崇尚劳动、热爱劳动的观念，愿意和坚持以辛勤劳动、诚实劳动、创造性劳动实现自己的认识价值，愿意为国家富强、社会进步和人民幸福而辛勤工作。借助生物学情境引导学生认同和热爱传统文化，激发学生爱国主义情怀，激发学生建设祖国的使命感和树立正确的理想信念。

（二）原创试题情境与生物学学科素养的关系

生物学学科素养是指将进入高等学校的学习者在面对生物学相关的生活实践或学习探索问题情境时，能够在正确的思想价值观念指导下，合理运用生物学思维方式与方法，有效地整合生物学的相关知识，运用生物学的相关能力，高质量地认识问题、分析问题、解决问题的综合品质。生物学学科素养作为考查内容，是将高考评价体系学科素养的架构赋予生物学的学科特色，其上承核心价值，下接生物学关键能力和必备知识，并导向应考查生物学科的关键能力和必备知识，实现四层内容的融会贯通。

基于生物学学科素养的原创试题问题情境必须选择能够体现核心价值引领作用的问题情境，并有效测评考生生物学素养水平，设计的问题情境要围绕知识与观念、科学思维、探究与创新、责任与担当等新高考生物学科考查的学科素养展开。原创试题问题情境能有效测评考生在深入理解生物学知识的基础上，形成对生命现象及其活动规律的认识和观念，包括系统观、物质能量和信息观、结构与功能观、稳态与调节观、适应与进化观、生态观等观念；有效测评考生从生物学视角对生命现象和生命活动规律的认知方式，例如比较与分类、归纳与演绎、抽象与概括、模型建构、质疑与批判等科学思维；有效测评考生在观察和实验的基础上提出生物学问题、做出假设、设计实验、进行实验、得出结论以及发现新问题、提出新解释、运用新思维和新方法做出新探究的能力；有效测评考生尊重生命、热爱生命、健康生活、关爱他人、保护环境等责任意识。

（三）原创试题情境与生物学关键能力的关系

生物学科关键能力是指将进入高等学校的学习者在面对与生物学科相关的生活实践或学习探索问题情境时，有效地认识问题、分析问题、解决问题所必须具备的能力。它是支撑高水平人才终身发展和适应时代要求的能力，是发展生物学学科素养、培育核心价值所必须具备的能力基础。高考生物学科将关键能力作为重点考查内容，不仅符合高考的客观实际，也是衔接高考所确立的“能力立意”命题理念的重要途径，是推进新时代高考内容改革的必然选择。结合现行高考生物学科对能力考查的积累和凝练，基于学科素养发展、价值塑造的现实要求，反映新课程理念与人才培养目标，体现时代性、传承性、学科特性，将新高考生物学科关键能力确立为理解能力、实验探究能力、解决问题能力、创新能力。

原创试题情境要主要针对上述四个关键能力进行设计和考查。通过不同复杂程度、不同形式的生物学情境来考查考生在学以致用的理念下，对知识的输出应用。要求学生能够从生物学视角获取关键信息、解释生物学现象、解决生物学问题，能够用科学准确的语言或图表等形式进行表达；要求考生能够对相关生物学问题进行科学探究，如分析问题、设计实验、预测结果并得出结论，掌握科学探究的整个流程。要求考生能够运用生物学知识解释或解决与生物学相关的生活、生产实践等问题；要求考生能够运用知识、经验、获取的相应信息，提出新解释、新方法、新思路或得出新结论，或者在已有知识的基础上，能够依据新证据得出新的结论，或提出新的观点来解决实际问题。

（四）原创试题情境与生物学必备知识的关系

必备知识是指将进入高等学校的学习者在面对与生物学相关的生活实践或学习探索问题情境时，有效地认识问题、分析问题、解决问题所必须具备的知识。它是由生物学的基本概念、基本规律、基本方法组成的学科基础知识体系。这一知识体系是应对和解决生物学问题情境所必须具备的各种复杂的产生式系统。原创试题情境的设计要减少对静态知识的直接考查，要将考查的重点放在能力和素养培养过程中必须具备的可迁移的知识上。

二、原创试题情境和“四翼”的关系

高考评价体系的“四翼”考查要求立足素质教育应达成的内容表现与形式表现，是高考中对素质教育进行评价的基本维度，是落实高考“服务选才”功能的着力点，又是发挥高考“引导教学”的抓手。新高考生物学科基于学科特点，明确学科的考查要求，从基础性、综合性、应用性和创新性四个维度，对考生所表现出的核心价值、学科素养、关键能力、必备知识进行考查。原创试题情境要依据不同层级、不同复杂程度来设计，以此对应“四翼”的考查要求。

（一）原创试题情境与基础性的关系

素质教育教学目标具有连续性，体现在前一阶段学习成果是后一阶段学习成果的基础。对于将进入高等学校继续深造的学生来说，应当为后续发展打下坚实的基础。在生物学科领域，高考关注本学科的主干内容、不可或缺的知识、能力和素养。因此高考要求学生对基础部分内容的掌握必须扎实牢靠。基础扎实的学习者能够在学科领域中准确理解并熟练掌握主干内容，具备应对生活实践或学习探索情境的基本知识、基本能力与基本素养。基础性包括了生物学科内容的基本性、通用性以及情境的典型性。它要求以生活实践或学习探索中最基本的问题情境作为任务创设和基本知识能力运用考查的载体。

因此在原创试题中，要有一定比例的基础性试题，运用简单的、最基本的问题情境，围绕生物学科基础知识及相互联系的理解进行设计，要求考生用生物学概念、原理、规律、方法等陈述性知识和程序性知识对相关的生物学问题做出解释或进行推理、判断；理解所学实验的原理和方法，能对现象和结果进行合理的解释，并能运用这些实验所涉及的原理和方法解决相关问题。

（二）原创试题情境与综合性的关系

高考生物要求学生具备良好的综合素质，能够综合运用学科思维方法以及相关知识与能力，高质量应对问题情境，能够触类旁通、融会贯通。包括同一层面、横向的交互融合，也包括不同层面、纵向的融会贯通。高考生物试题命制要从研究对象的整体性、完整性出发，在学科内容上进行融合，还要在试题形式上丰富多样，从而实现对学生全面的综合素质考查。

针对考查综合素质的原创试题情境设计要具有一定的复杂性，要求考生能够在给定条件下，综合运用生物学基本知识和基本方法，解决与生命科学相关的问题。能够关注分子、细胞、器官、系统与个体之间的关系，个体与群体的关系，动物、植物、微生物等不同类群生物之间的关系，个体与外界环境的关系，尤其是人与其他生物及人与自然之间的关系，并能据此对生命现象进行解释或探究；同时对必备知识、理解能力、实验与探究能力的考查要体现综合性，对考生知识、能力、素养之间的纵向整合能力，及综合运用水平的考查体现综合性，这些体现了生物学高考在核心价值引领下对知识交叉、能力复合、素养融合的全方位考查。

（三）原创试题情境与应用性的关系

高考生物学科要发挥正向的引导作用，避免考试内容与理论学习、实践应用脱节，在命题时坚持理论联系实际的原则，使用贴近时代、贴近社会、贴近生活的生物学素材，选取日常生活、农业生产、国家发展、社会进步中的实际问题为试题情境，考查学生运用知识、能力和素养解决实际问题的能力，让学生充分感受到课堂所学内容中蕴含的应用价值；同时引导学生能够学以致用，善于观察各种生命现象，主动灵活运用所学知识解决社会生活实践中的问题，高度关注与社会发展、科技进步、生产生活密切相关的内容和问题，培养良好的实际问题解决能力。

因此生物学原创试题要设计复杂的生活实践问题情境，或学习探索问题情境来体现应用性的考查要求，强调生物学与生产生活的紧密联系，引导考生自觉地从生物学视角思考生活中的问题，综合运用所学知识解决生活、生产实践及科学探究等问题。例如：利用遗传学理论或基因工程技术培育抗病抗倒伏的作物品种，以解决农业生产中的有关问题；利用无性繁殖对濒危物种进行保护；利用生态学原理发展新型农业；面对新的任务情境（如实验情境），能够借鉴、应用科学家的研究思路、方法，提出解决方案。

（四）原创试题情境与创新性的关系

国家科教兴国和人才强国离不开创新型人才的培养。德智体美劳全面培养教育体系突出对创新思维的培养。高考生物学科要关注与创新密切相关的能力和素养，比如独立思考能力、发散思维、逆向思维、批判性思维等。

因此原创试题要设置合理、复杂的问题情境，以及新颖的试题呈现方式和设问方式，促使学生在新颖或者陌生的情境中主动思考，善于发现新问题、找到新规律、得出新结论，完成开放性或者探究性任务。试题对实验探究能力、解决问题能力及创新能力的考查也要体现创新性。要求能结合所学的生物学知识，对生物学现象做出新解释；在已有知识的基础上，能够依据新证据得出新的结论或提出新的观点；能够综合运用批判性思维和创新思维等方法，创造性地提出解决生活、生产实践及科学探究中实际问题的新思路、新方法。

三、生物学情境与“四层”“四翼”的关系

高考评价体系通过“四翼”实现对学生“四层”的有效考查，也通过“四翼”实现对高考试题质量的有效评价。高考生物学评价体系的“四层”考查内容与“四翼”考查要求相互映照，形成彼此紧密相连、互相影响的一个系统。

原创试题情境是实现“四层”考查内容和“四翼”考查要求的载体。对于生物学科命题来说，试题情境的创设可以激发考生认知建构，为考生搭建展示生物学关键能力和必备知识的平台，影响考生分析问题和解决问题的策略与表现，是考生呈现自己生物学学科素养和核心价值的场所。

根据 SOLO 分类理论，学生的思维发展是从点到线再到面，从平面到立体、系统的过程，因此高考生物学科要设置不同层级的情境活动来考查学生在“四层”上的表现水平；同时基于不同的情境活动，情境与“四翼”存在一定的对应关系。简单的情境考查基本知识和能力，主要对应考查要求中的“基础性”，也包含一定程度的“应用性”和“综合性”。复杂的情境主要考查学生应对生活实践问题情境与学习探索问题情境的综合素质，即在核心价值引领下综合运用知识和能力的水平，体现考查的“综合性”“应用性”和“创新性”。结合生物学的学科特点，原创试题的情境要基于高考评价体系来进行分类。包括

三类：生活、学习和实践情境，科学实验和探究情境，生命科学史情境。借助不同类型和层级的生物学问题情境，实现对高考不同内容、不同要求的考查，实现了“三位一体”的评价模式。基于情境的命题与“四翼”考查要求、“四层”考查内容的关系如表 2–1 所示。

表 2–1　基于高考生物学情境与情境活动的命题要求

考查要求	考查内容	考查载体	基于情境活动的命题要求
基础性	构成生物学科素养基础的必备知识和关键能力	基本层面上的生物学相关问题情境	 试题情境简单，要求学生调动单一知识或技能解决问题
综合性	必备知识 关键能力 学科素养 核心价值	较为复杂综合层面上生物学相关问题情境	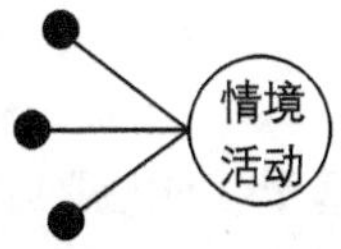 试题情境具有一定复杂性，要求学生在正确思想观念引领下，综合运用多种知识或技能解决问题
应用性	必备知识 关键能力 学科素养 核心价值	复杂的生物学相关生活实践或学习探究等问题情境	 试题情境复杂，要求学生在正确思想观念引领下，综合运用多种知识和技能解决生活实践中的应用性问题

（续表）

考查要求	考查内容	考查载体	基于情境活动的命题要求
创新性	必备知识 关键能力 学科素养 核心价值	开放性的生物学相关生活实践或学习探究等问题情境	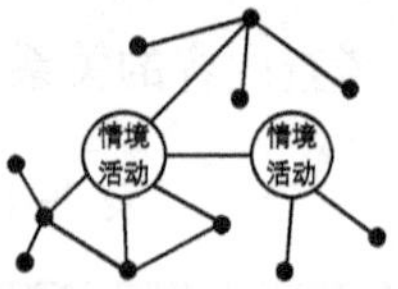 试题包含多个复杂情境，要求学生在正确思想观念引领下，在开放的综合情境中创造性地解决问题，形成创造性的结果或结论

第四节 情境在高考命题中的运用

基于“四层”考查内容和“四翼”考查要求的关系，高考生物学科命题应以情境为载体设计以下四种类型的题目。

一、基础性为主的试题

生物学科在命制试题时要以问题情境为载体加强对基本概念、原理、思想方法的考查，引导学生打牢生物学知识基础。例如呼吸作用、光合作用、孟德尔遗传规律、生物多样性、内环境稳态等。这些基础性内容要在试题命制中尽量涵盖，体现高考试题的“基础性”。这类试题引导学生重视学习基础内容，确保学生基础扎实。只有打好基础，学生才能在未来的学习和工作中更好地成长和发展。除了生物学知识的“基础性”，还要考虑情境的典型性，要求以生活实践或学习探索中最基本的问题情境作为考查载体。

【例 1】（2021 年高考全国甲卷第 2 题）某同学将酵母菌接种在马铃薯培养液中进行实验，不可能得到的结果是 （ ）

A. 该菌在有氧条件下能够繁殖

B. 该菌在无氧呼吸的过程中无丙酮酸产生

C. 该菌在无氧条件下能够产生乙醇

D. 该菌在有氧和无氧条件下都能产生 CO_2

评析：该题目以酵母菌的培养为情境来考查呼吸作用的概念、原理和过程。学生需要对酵母菌的呼吸作用方式、过程及其产物有准确的理解。该题目的情境简单，考查内容围绕必备知识呼吸作用展开，需要考生能够分析无氧呼吸和有氧呼吸中间产物、最终产物的异同来解决问题。在考查知识内容、情境设计和情境活动上体现了试题的基础性。

【例 2】（2021 年高考广东卷第 2 题）“葛（葛藤）之覃兮，施与中谷（山谷），维叶萋萋。黄鸟于飞，集于灌木，其鸣喈喈。”（节选自《诗经・葛覃》）。诗句中描写的美丽景象构成了一个 （ ）

A. 黄鸟种群　B. 生物群落　C. 自然生态系统　D. 农业生态系统

评析:《诗经》是我国灿烂传统文化的代表，诗句虽短，却具有极强的代入感，让学生犹如身临其境。该情境有利于学生树立对传统文化方面的认同感和自豪感，激发学生文化自信和对美的追求向往。问题情境简单，主要考查了生态系统的概念和组成，学生只需知道生态系统由生物群落和无机环境构成，结合题干情境，简单分析即可得出正确答案，体现了考查要求的基础性。

【例 3】（2021 年高考广东卷第 5 题）DNA 双螺旋结构模型的提出是二十世纪自然科学的伟大成就之一。下列研究成果中，为该模型构建提供主要依据的是 （ ）

①赫尔希和蔡斯证明 DNA 是遗传物质的实验

②富兰克林等拍摄的 DNA 分子 X 射线衍射图谱

③查哥夫发现的 DNA 中嘌呤含量与嘧啶含量相等

④沃森和克里克提出的 DNA 半保留复制机制

A. ①② B. ②③ C. ③④ D. ①④

评析：生物学科学史是生物学开拓、继承、修正和发展的过程。它不仅包含了生物学知识体系逐步发展、成熟的过程，也包含了科学家探索、追求真理的艰难历程。通过科学史不仅让学生学习理论知识、实验方法和技能，还能让学生感悟理论与实验之间的关系，以及科学与人文精神之间的相互渗透。该题目以科学史为情境来进行设计，引导学生要关注科学发展过程，重视科学史的学习和感悟。该题目对学生的知识、能力和素养要求体现了基础性。

【例 4】(2020 年高考全国 I 卷第 10 题）遗传学理论可用于指导农业生产实践。回答下列问题：

（1）生物体进行有性生殖形成配子的过程中，在不发生染色体结构变异的情况下，产生基因重新组合的途径有两条，分别是______________。

（2）在诱变育种过程中，通过诱变获得的新性状一般不能稳定遗传，原因是______________，若要使诱变获得的性状能够稳定遗传，需要采取的措施是______________。

参考答案：(1）在减数分裂过程中，随着非同源染色体的自由组合，非等位基因也自由组合；四分体时期位于同源染色体上的等位基因有时随着非姐妹染色单体的交换而发生交换，导致染色单体上的基因重组。

（2）控制新性状的基因往往是杂合的　通过自交筛选性状能稳定遗传的子代。

评析：本试题情境简单，指出理论指导实践，遗传学可以指导农业生产实践。问题设计具有层次性，首先考查基础理论知识，即基因重组的两种方式，要求学生能准确描述基因重组发生的时期、对象和结果。然后考查学生基因突变和基因重组在育种方面的应用，要求学生对诱变育种的原理和特点有清晰的认识，并解释相关现象，最后考查学生解决育种方面具体实际问题的能力。虽然该题目和生产实践相关联，但是该题目难度不高，在情境设计、考查内容和能力要求等方面体现出了基础性。

【例 5】（2021 年高考全国甲卷第 29 题）植物的根细胞可以通过不同方式吸收外界溶液中的 K^+。回答下列问题：

（1）细胞外的 K^+ 可以跨膜进入植物的根细胞。细胞膜和核膜等共同构成了细胞的生物膜系统，生物膜的结构特点是__________。

（2）细胞外的 K^+ 能够通过离子通道进入植物的根细胞。离子通道是由________复合物构成的，其运输的特点是________（答出 1 点即可）。

（3）细胞外的 K^+ 可以通过载体蛋白逆浓度梯度进入植物的根细胞。在有呼吸抑制剂的条件下，根细胞对 K^+ 的吸收速率降低，原因是________。

参考答案:（1）具有一定的流动性

（2）蛋白质 顺浓度或选择性

（3）细胞逆浓度梯度吸收 K^+ 是主动运输过程，需要能量，呼吸抑制剂会影响细胞呼吸供能，故使细胞主动运输速率降低

评析：物质跨膜运输与生物膜系统密切相关，是细胞与外界进行物质交换的方式，还与细胞能量利用转化、信息交流相关联。该题目情境以学生熟识的根部细胞为素材进行设计，具有典型性。考查内容为物质跨膜运输的结构基础、功能特点以及运输效率的限制因素，也具有典型性和基础性。设计的问题具有递进关系，从结构到功能、从整体到局部、从简单到稍微复杂。学生只要具有扎实的基础知识和一定的分析表达能力就可以很好地解决该题目。

二、综合性为主的试题

高考生物学题目注重考查学生掌握学科知识体系的完整性，关注知识之间、学科之间的联系，引导学生整合所学知识、培养学生的系统思维

和实践思维。在命制试题时，要根据考查需要选择生物学生产生活实践中的真实案例，参照学生实际认知水平进行合理地简化或处理来设置问题情境，这些情境要具有一定的复杂性和综合性。这类题目能够考查学生学科知识、整合能力及综合运用能力水平，从而体现高考生物学试题的“综合性”。

【例 1】（2021 年高考广东卷第 13 题）保卫细胞吸水膨胀使植物气孔张开。适宜条件下，制作紫鸭跖草叶片下表皮临时装片，观察蔗糖溶液对气孔开闭的影响，图 2–1 为操作及观察结果示意图。下列叙述错误的是　　　　　（　　）

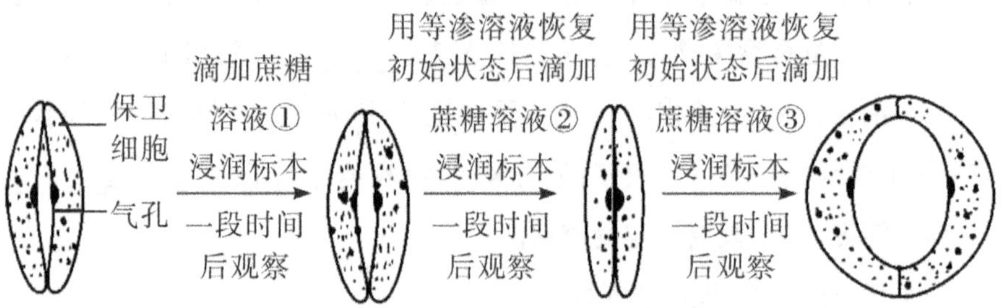

图 2–1

A. 比较保卫细胞细胞液浓度，③处理后 > ①处理后

B. 质壁分离现象最可能出现在滴加②后的观察视野中

C. 滴加③后有较多水分子进入保卫细胞

D. 推测 3 种蔗糖溶液浓度高低为② > ① > ③

评析：生物学是建立在实验基础上的一门自然学科，实验类题目在生物学高考中占有一定的比例。这些题目对学生的综合能力和素养要求一般较高，要求学生能够多角度思考问题，运用多种知识来解决问题。该题目是人教版教材内容“探究植物细胞的吸水和失水”实验的再加工设计，学生要解决该问题需要对细胞结构、溶质种类和浓度、渗透压有清晰的认识，并且要准确理解三者之间的关系，运用物理和化学相关知识原理来解释和分析实验现象得出结论。该题目体现了知识、学科之间的综合性以及对学生能力要求的综合性。

【例 2】（2021 年高考河北卷第 4 题）人体成熟红细胞能够运输 O_2 和 CO_2，其部分结构和功能如图 2–2，① – ⑤表示相关过程。下列叙述错误的是（　　）

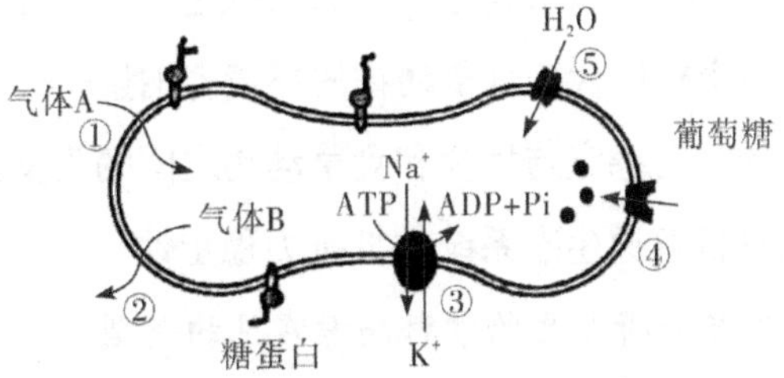

图 2–2

A. 血液流经肌肉组织时，气体 A 和 B 分别是 CO_2 和 O_2

B. ①和②是自由扩散，④和⑤是协助扩散

C. 成熟红细胞通过无氧呼吸分解葡萄糖产生 ATP，为③提供能量

D. 成熟红细胞表面的糖蛋白处于不断流动和更新中

评析：细胞是一个精妙、有序的系统，该题目以成熟红细胞为研究对象设置较为复杂的情境。知识层面综合了物质跨膜运输方式、呼吸作用、细胞膜的结构及其特点等内容，要求学生能够根据红细胞的结构特点，利用多个知识点来解决问题，例如人成熟红细胞没有细胞核和细胞器，不能进行相关蛋白质的合成和更新；只能进行无氧呼吸，利用葡萄糖分解释放能量合成 ATP 等。对学生的信息获取能力、分析理解能力都有一定的要求。该题目在情境设置、考查知识和能力方面均体现出了综合性。

【例 3】(2021 年高考湖南卷第 4 题) 某草原生态系统中植物和食草动物两个种群数量的动态模型如图 2–3 所示。下列叙述错误的是 (　　)

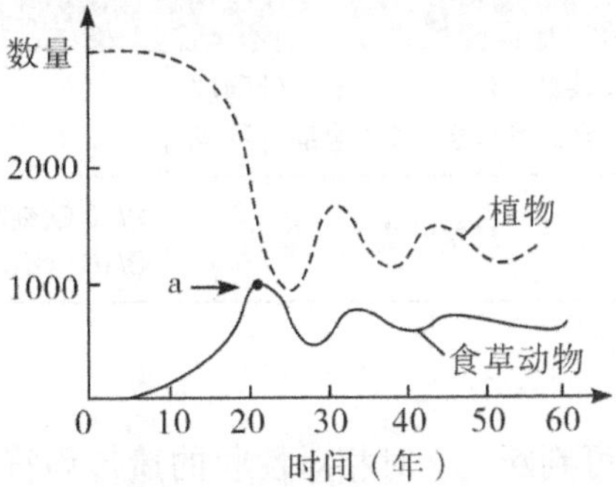

图 2–3

A. 食草动物进入早期，其种群数量增长大致呈“J”形曲线

B. 图中点 a 的纵坐标值代表食草动物的环境容纳量

C. 该生态系统的相对稳定与植物和食草动物之间的负反馈调节有关

D. 过度放牧会降低草原生态系统的抵抗力稳定性

评析：模型建构与分析是生物学科高考常见的题型。对模型的建构和分析过程促进学生探讨、阐释生命现象及规律，进而培养学生运用模型认识事物、解决实际问题的思维习惯和能力。该题目以草原生态系统中两种生物数量变化为情境进行设计，知识层面涉及种群数量变化曲线、环境容纳量、反馈调节、种间关系、生态系统稳定性等内容，要求学生对概念有准确的理解，并能够通过所学知识结合模型进行推理、判断得出相关结论。题目情境较为复杂，知识能力方面的考查具有一定的综合性。

【例 4 】(2021 年高考全国甲卷第 32 题) 植物的性状有的由 1 对基因控制，有的由多对基因控制。一种二倍体甜瓜的叶形有缺刻叶和全缘叶，果皮有齿皮和网皮。为了研究叶形和果皮这两个性状的遗传特点，某小组用基因型不同的甲乙丙丁 4 种甜瓜种子进行实验，其中甲和丙种植后均表现为缺刻叶网皮。杂交实验及结果见表 2–2 (实验②中 F_1 自交得 F_2)。

表 2–2

实验	亲本	F1	F2
①	甲 × 乙	1/4 缺刻叶齿皮，1/4 缺刻叶网皮 1/4 全缘叶齿皮，1/4 全缘叶网皮	/
②	丙 × 丁	缺刻叶齿皮	9/16 缺刻叶齿皮，3/16 缺刻叶网皮 3/16 全缘叶齿皮，1/16 全缘叶网皮

回答下列问题：

(1) 根据实验①可判断这 2 对相对性状的遗传均符合分离定律，判断的依据是______________。根据实验②，可判断这 2 对相对性状中的显性性状

是______________________________。

（2）甲乙丙丁中属于杂合体的是___________。

（3）实验②的 F_2 中纯合体所占的比例为___________。

（4）假如实验②的 F_2 中缺刻叶齿皮：缺刻叶网皮：全缘叶齿皮：全缘叶网皮不是9 ： 3 ： 3 ： 1，而是45 ： 15 ： 3 ： 1，则叶形和果皮这两个性状中由 1 对等位基因控制的是________，判断的依据是_________。

参考答案：（1）基因型不同的两个亲本杂交，F_1 分别统计，缺刻叶：全缘叶 =1 ： 1，齿皮：网皮 =1 ： 1，每对相对性状结果都符合测交的结果，说明这 2 对相对性状的遗传均符合分离定律　缺刻叶和齿皮

（2）甲和乙

（3）1/4

（4）果皮　F_2 中齿皮：网皮 =48 ： 16=3 ： 1，说明受一对等位基因控制

评析：孟德尔遗传规律是高考遗传题的必考内容，知识点方面主要涉及分离定律和自由组合定律等内容。能力方面重点考查学生获取信息、分析推理、运用模型解决问题、专业术语表达等方面的能力。该题目从情境上以甜瓜的两对相对性状为载体进行问题设计，重点考查分离定律、自由组合定律的实质和应用。要求学生能够根据后代表现型及其比例逆向推理出亲代的基因型和表现型，通过数据的综合分析来判断基因与性状的数量对应关系。题目难度适宜，需要学生通过多种知识和能力来解决问题，在情境、能力和素养方面体现了综合性。

三、应用性为主的试题

高考生物学试题要着重考查学生对知识的运用能力，学以致用。应用性为主的题目要求与时代、社会和生活密切相关，以生物学相关的生产生活实践和学习探索问题情境为载体设计问题。对学生迁移知识内容、理论联系实际水平

进行测量与评价，体现高考试题的“应用性”。

【例 1】（2021 年高考湖南卷第 12 题）下列有关细胞呼吸原理应用的叙述，错误的是 （　　）

A. 南方稻区早稻浸种后催芽过程中，常用 40℃左右温水淋种并时常翻种，可以为种子的呼吸作用提供水分、适宜的温度和氧气

B. 农作物种子入库贮藏时，在无氧和低温条件下呼吸速率降低，贮藏寿命显著延长

C. 油料作物种子播种时宜浅播，原因是萌发时呼吸作用需要大量氧气

D. 柑橘在塑料袋中密封保存，可以减少水分散失、降低呼吸速率，起到保鲜作用

评析：细胞生命活动正常进行离不开呼吸作用，在农业生产实践中利用呼吸作用的原理，采取适当的措施可以提高农作物产量和农产品质量。该题目就是以农业生产具体实例为情境来考查学生知识迁移应用能力，例如种子正常萌发过程需要满足的呼吸作用条件、种子贮存减弱呼吸作用的条件、油料作物种子浅播种的原理分析、水果保存的条件等。要求学生能够利用呼吸作用的原理具体问题具体分析，解决实际问题，体现了试题的应用性。

【例 2】（2020 年高考全国Ⅲ卷第 5 题）新冠病毒是一种 RNA 病毒。新冠肺炎疫情给人们的生活带来了巨大影响。下列与新冠肺炎疫情防控相关的叙述，错误的是 （　　）

A. 新冠病毒含有核酸和蛋白质，通过核酸检测可排查新冠病毒感染者

B. 教室经常开窗通风可以促进空气流动，降低室内病原微生物的密度

C. 通常新冠肺炎患者的症状之一是发烧，因此可以通过体温测量初步排查

D. 每天适量饮酒可以预防新冠肺炎，因为酒精可以使细胞内的病毒蛋白变性

评析：新冠疫情对全球影响巨大，与每个人都息息相关。该题目考查知识涉及病毒检测原理、个人防护等方面，能力方面要求学生根据所学知识分析、

解释和判断相关内容。该题目以疫情防控为情境来进行设计，与学生的学习生活密切相关，在考查学生运用知识解决问题的同时引导学生做好个人监测和防护，这些体现了该题目的应用性。

【例3】（2021年高考广东卷第11题）白菜型油菜（$2n=20$）的种子可以榨取食用油（菜籽油）。为了培育高产新品种，科学家诱导该油菜未受精的卵细胞发育形成完整植株Bc。下列叙述错误的是　　（　　）

A.Bc成熟叶肉细胞中含有两个染色体组

B. 将Bc作为育种材料，能缩短育种年限

C. 秋水仙素处理Bc幼苗可以培育出纯合植株

D. 自然状态下Bc因配子发育异常而高度不育

评析：通过育种培养优质品种对于种植业具有重要意义。白菜型油菜是南方常见的油菜品种，以此为情境考查了学生对染色体组、单倍体育种等概念的理解和应用。以生活、生产实践为情境设计试题，要求学生利用所学知识来解释熟悉的生物学现象或解决相关的实际问题，有利于学生培养发现问题、分析问题和解决问题的能力，提高学生热爱生活、崇尚科学的精神。

【例4】（2020年高考全国I卷第30题）农业生产中的一些栽培措施可以影响作物的生理活动，促进作物的生长发育，达到增加产量等目的。回答下列问题：

（1）中耕是指作物生长期中，在植株之间去除杂草并进行松土的一项栽培措施，该栽培措施对作物的作用有____________（答出2点即可）。

（2）农田施肥的同时，往往需要适当浇水，此时浇水的原因是________________（答出1点即可）。

（3）农业生产常采用间作（同一生长期内，在同一块农田上间隔种植两种作物）的方法提高农田的光能利用率。现有4种作物，在正常条件下生长能达到的株高和光饱和点（光合速率达到最大时所需的光照强度）见表2-3。从提高光能利用率的角度考虑，最适合进行间作的两种作物是________________，

选择这两种作物的理由是____________________。

表 2–3

作物	A	B	C	D
株高 /cm	170	65	59	165
光饱和点 / $\mu mol \cdot m^{-2} \cdot s^{-1}$	1200	1180	560	623

参考答案:（1）减少杂草对水分、矿质元素和光的竞争；增加土壤氧气含量，促进根系的呼吸作用

（2）肥料中的矿质元素只有溶解在水中才能被作物根系吸收

（3）A 和 C　作物 A 光饱和点高且长得高，可利用上层光照进行光合作用；作物 C 光饱和点低且长得矮，与作物 A 间作后，能利用下层的弱光进行光合作用

评析：中耕、合理施肥、间作是农业生产保证产量的重要措施，该题目以这三种农业生产措施为情境设计问题，紧贴生产实践。知识层面涉及种间关系、呼吸作用、自由水的作用、物质运输方式、渗透压、群落结构、光合作用等内容。设置的每个问题都是围绕生产实践，要求学生能够利用所学的知识内容来解释生产现象、提出解决生产实际问题的方案，试题具有典型的应用性。

【例 5】（2021 年高考广东卷第 21 题）中国科学家运用合成生物学方法构建了一株嗜盐单胞菌 H，以糖蜜（甘蔗榨糖后的废弃液，含较多蔗糖）为原料，在实验室发酵生产 PHA 等新型高附加值可降解材料，期望提高甘蔗的整体利用价值。工艺流程如图 2–4。

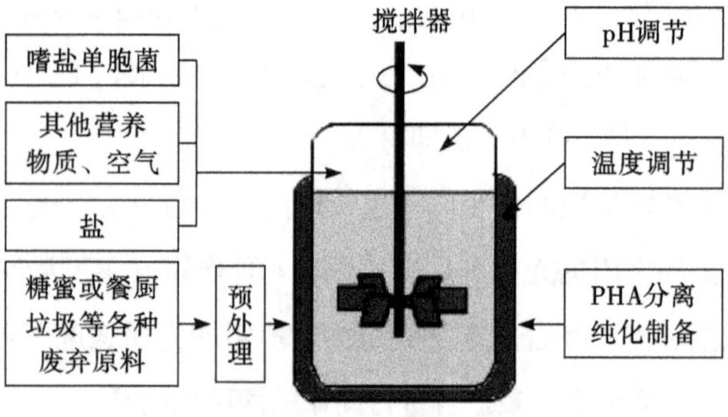

图 2–4 开放发酵系统

回答下列问题：

（1）为提高菌株H对蔗糖的耐受能力和利用效率，可在液体培养基中将蔗糖作为_____，并不断提高其浓度，经多次传代培养（指培养一段时间后，将部分培养物转入新配制的培养基中继续培养）以获得目标菌株。培养过程中定期取样并用______的方法进行菌落计数，评估菌株增殖状况。此外，选育优良菌株的方法还有_______等。（答出两种方法即可）

（2）基于菌株H嗜盐、酸碱耐受能力强等特性，研究人员设计了一种不需要灭菌的发酵系统，其培养基盐浓度设为60 g/L，pH为10，菌株H可正常持续发酵60 d以上。该系统不需要灭菌的原因是_____。（答出两点即可）

（3）研究人员在工厂进行扩大培养，在适宜的营养物浓度、温度、pH条件下发酵，结果发现发酵液中菌株H细胞增殖和PHA产量均未达到预期，并产生了少量乙醇等物质，说明发酵条件中_______可能是高密度培养的限制因素。

（4）菌株H还能通过分解餐厨垃圾（主要含蛋白质、淀粉、油脂等）来生产PHA，说明其能分泌_______。

参考答案：（1）唯一碳源　血细胞计数板计数　诱变育种、基因工程育种

（2）盐浓度为60g/L的条件下，其他杂菌因失水过多而死亡；pH为10的条件下，其他杂菌的酶变性失活，生长繁殖受抑制

（3）氧气（O_2或溶解氧）

（4）蛋白酶、淀粉酶、脂肪酶等

评析：微生物在材料生产、食品生产、制药、环境保护等人类生产、生活中的应用极为广泛。本题就是以微生物生产新型材料为情境设计题目，知识层面涉及微生物培养、筛选、计数、发酵条件及应用等内容。该题让学生深刻认识到微生物技术在废弃物再利用、清洁能源、改善环境等方面极具优势，有着广阔的发展前景。通过一些相对开放性的问题的设置，引导学生独立思考和判断，分析问题，得出结论。试题重点考查学生学以致用、应对生产实践问题情

境的学科素养，体现了高考试题的应用性。

四、创新性为主的试题

高考生物创新性为主的试题要紧密结合国际生物学发展前沿、我国生物学技术领域重大项目等进行编拟，使试题具有时代气息和中国特色。问题的情境要与生产实际密切相关，具有现实意义和价值引领作用，要求学生多角度、开放性思考问题。旨在考查学生独立思考、对问题或观点提出看法并进行论证的能力，考查学生发散思维、逆向思维、系统思维水平，考查学生敢于质疑、敢于批判的思维能力，考查学生创新性地运用知识发现新规律、发现新方法并积极主动解决问题的能力。

【例 1】（2021 年高考湖南卷第 11 题）研究人员利用电压钳技术改变枪乌贼神经纤维膜电位，记录离子进出细胞引发的膜电流变化，结果如图 2–5 所示，图 a 为对照组，图 b 和图 c 分别为通道阻断剂 TTX、TEA 处理组。下列叙述正确的是（　　）

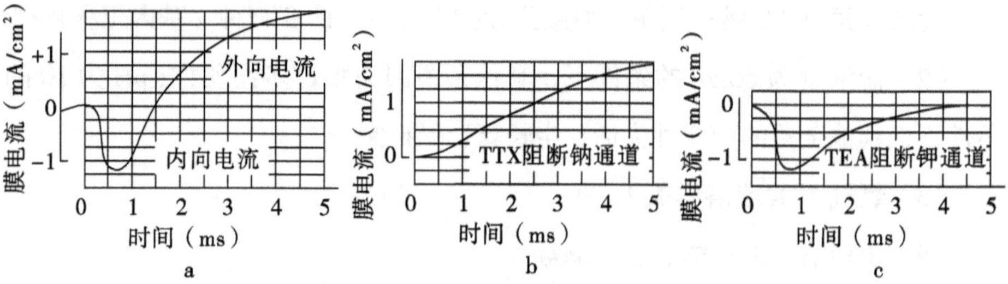

图 2–5

A. TEA 处理后，只有内向电流存在

B. 外向电流由 Na^+ 通道所介导

C. TTX 处理后，外向电流消失

D. 内向电流结束后，神经纤维膜内 Na^+ 浓度高于膜外

评析：该题目将兴奋在神经纤维上的传导以数学模型的形式呈现，并设置

三组实验结果让学生对比分析得出相关的结论。问题情境的设计不同于传统题目，素材运用了研究新方法（电压钳技术），记录的是膜电流变化而不是学生熟知的膜电位变化，要求学生突破惯性思维，利用逆向思维等多种思维方式推理分析曲线变化，从而解决问题，对学生的能力和素养要求较高。该题目在情境设置、问题设置方式和考查要求方面都体现出了创新性。

【例 2】（2021 年高考湖南卷第 14 题）独脚金内酯（SL）是近年来新发现的一类植物激素。SL 合成受阻或 SL 不敏感突变体都会出现顶端优势缺失。现有拟南芥 SL 突变体 1（*max1*）和 SL 突变体 2（*max2*），其生长素水平正常，但植株缺失顶端优势，与野生型（W）形成明显区别；在幼苗期进行嫁接试验，培养后植株形态如图所示。据此分析，下列叙述正确的是　　（　　）

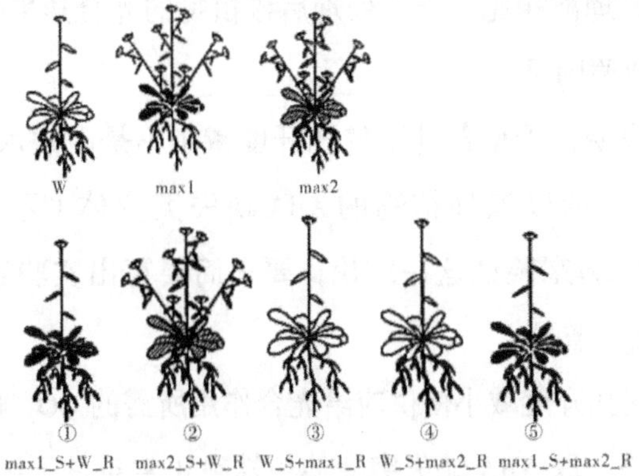

图 2–6

注：R 代表根，S 代表地上部分，“+”代表嫁接。

A. SL 不能在产生部位发挥调控作用

B. *max1* 不能合成 SL，但对 SL 敏感

C. *max2* 对 SL 不敏感，但根能产生 SL

D. 推测 *max2*_S+*max1*_R 表现顶端优势缺失

评析：该题目利用了新发现的植物激素 SL 以及嫁接实验为情境来进行试

题设计，知识层面涉及顶端优势、突变体、嫁接技术、实验分析等内容，对学生从题干（图示）获取信息能力、实验对照与分析推理能力、归纳总结能力等方面要求较高。试题素材具有前沿性，呈现形式新颖（不同植株图示不同），对照设置多样，均体现了试题的创新性。针对如此复杂的问题情境，学生在运用已学知识的同时需要打破思维局限，拓展思维的宽度和深度，抓住现象后面的本质才能够解决问题，这样体现了试题的创新性。

【例3】（2019年高考全国I卷第29题）将生长在水分正常土壤中的某植物通过减少浇水进行干旱处理，该植物根细胞中溶质浓度增大，叶片中的脱落酸（ABA）含量增高，叶片气孔开度减小，回答下列问题。

（1）经干旱处理后，该植物根细胞的吸水能力__________________。

（2）与干旱处理前相比，干旱处理后该植物的光合速率会_________，出现这种变化的主要原因是____________________。

（3）有研究表明：干旱条件下气孔开度减小不是由缺水直接引起的，而是由ABA引起的，请以该种植物的ABA缺失突变体（不能合成ABA）植株为材料，设计实验来验证这一结论，要求简要写出实验思路和预期结果。

参考答案:（1）增强

（2）降低　气孔开度减小使供应给光合作用所需的CO_2减少

（3）实验思路：取ABA缺失突变体植株在正常条件下测定气孔开度，经干旱处理后，再测定气孔开度。预期结果：干旱处理前后气孔开度不变。将上述干旱处理的ABA缺失突变体植株分成两组，在干旱条件下，一组进行ABA处理，另一组作为对照组，一段时间后，分别测定两组的气孔开度。预期结果：ABA处理组气孔开度减小，对照组气孔开度不变。

评析：该题目利用生物学实验情境将渗透作用、光合作用、实验设计等考点有机巧妙地融合在一起，要求学生根据实验结果分析、推理、解释和表达相关生命现象的发生机制。第（3）小题设计更具创新性，传统的验证性实验的考查一般只要求学生设计一组对照实验即可证明相关结论，而该题要求学生证明两个实验结论，也就要求学生能够设计两组对照实验来解决问题，一组设置自身对照，另一组要设置空白对照。这对学生的理解能力、问题解决能力、创新能力都有较高的要求。

【例 4】（2017 年高考全国 I 卷第 29 题）根据遗传物质的化学组成，可将病毒分为 RNA 病毒和 DNA 病毒两种类型。有些病毒对人类健康会造成很大危害。通常，一种新病毒出现后需要确定该病毒的类型。假设在宿主细胞内不发生碱基之间的相互转换，请利用放射性同位素标记的方法，以体外培养的宿主细胞等为材料，设计实验以确定一种新病毒的类型。简要写出（1）实验思路；（2）预期实验结果及结论。（要求：实验包含可相互印证的甲、乙两个组）

参考答案：（1）实验思路

甲组：将宿主细胞培养在含有放射性标记尿嘧啶的培养基中，之后接种新病毒。培养一段时间后收集病毒并监测其放射性。

乙组：将宿主细胞培养在含有放射性标记胸腺嘧啶的培养基中，之后接种新病毒。培养一段时间后收集病毒并监测其放射性。

（2）预期实验结果及结论

若甲组收集的病毒有放射性，乙组无，即为 RNA 病毒；反之为 DNA 病毒。

评析：高考传统的实验设计类题目一般具有较为明显的指向性，学生能够较容易分析出实验目的和变量来解决问题。该题目在自变量、因变量的设计上较为隐晦，并且对学生综合

运用知识来解决问题的要求较高。学生要有广泛扎实的基础知识、严密的逻辑推理能力以及准确全面有序的表达能力。该题目知识层面涉及病毒的结构和培养方式、DNA 和 RNA 结构的异同点、同位素标记技术等，学生要将这些看似分散的知识组合起来，运用系统、创新的思维来解决问题。该题目在情境设计、问题设置、考查要求等方面都具有创新性。

【例 5】（2021 年高考广东卷第 19 题）人体缺乏尿酸氧化酶，导致体内嘌呤分解代谢的终产物是尿酸（存在形式为尿酸盐）。尿酸盐经肾小球滤过后，部分被肾小管细胞膜上具有尿酸盐转运功能的蛋白 URAT1 和 GLUT9 重吸收，最终回到血液。尿酸盐重吸收过量会导致高尿酸血症或痛风。目前，E 是针对上述蛋白治疗高尿酸血症或痛风的常用临床药物。为研发新的药物，研究人员对天然化合物 F 的降尿酸作用进行了研究。给正常实验大鼠（有尿酸氧化酶）灌服尿酸氧化酶抑制剂，获得了若干只高尿酸血症大鼠，并将其随机分成数量相等的两组，一组设为模型组，另一组灌服 F 设为治疗组，一段时间后检测相关指标，结果见图 2–7。

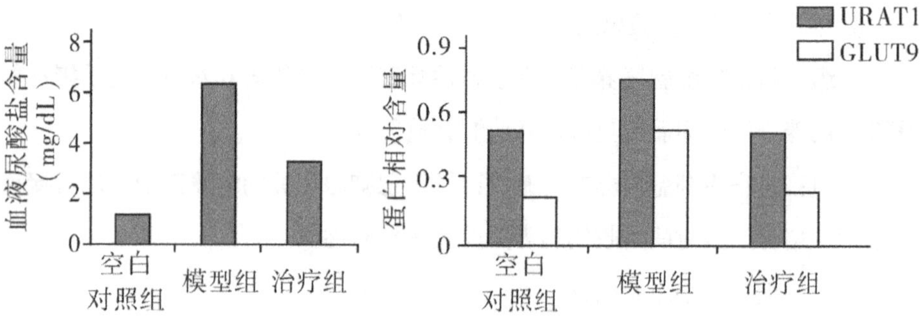

图 2–7

回答下列问题：

（1）与分泌蛋白相似，URAT1 和 GLUT9 在细胞内的合成、加工和转运过程需要____及线粒体等细胞器（答出两种即可）共同参与。肾小管细胞通过上述蛋白重吸收尿酸盐，体现了细胞膜具有____的功能特性。原尿中还有许多物质也需借助载体蛋白通过肾小管的细胞膜，这类跨膜运输的具体方式有____。

（2）URAT1 分布于肾小管细胞刷状缘（如图 2–8），该结构有利于尿酸盐的重吸收，原因是____。

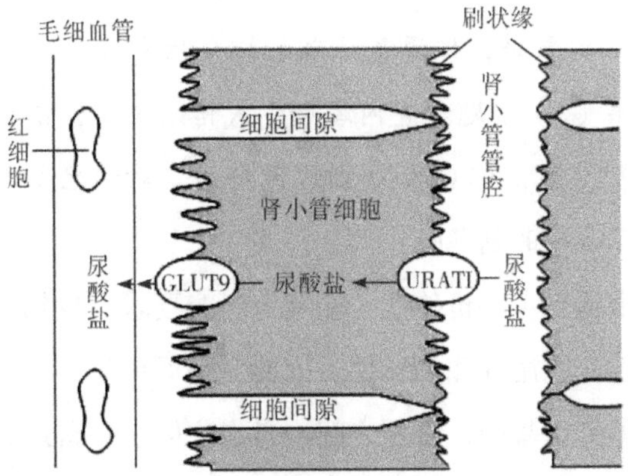

图 2–8

（3）与空白对照组（灌服生理盐水的正常实验大鼠）相比，模型组的自变量是____。与其他两组比较，设置模型组的目的是____________。

（4）根据尿酸盐转运蛋白检测结果，推测 F 降低治疗组大鼠血清尿酸盐含量的原因可能是____，减少尿酸盐重吸收。为进一步评价 F 的作用效果，本实验需要增设对照组，具体为____________________。

参考答案:（1）核糖体、内质网、高尔基体（任选 2 个）选择透过性　主动运输、协助扩散

（2）刷状缘膜面积大，分布更多的 URAT1 蛋白（载体蛋白）

（3）尿酸氧化酶抑制剂　与空白组相比，可判断模型鼠建构成功（高尿酸血症）；与治疗组相比，可判断 F 降尿酸的效果（治疗效果）

（4）F 调控基因表达过程，降低 URAT1、GLUT9（载体蛋白）的量　给模型鼠（高尿酸血症）灌服 E；给正常鼠灌服 F

评析：该题目以高尿酸血症及其相关药物开发为情境来设计问题，知识层面考查广泛，涉及分泌蛋白的合成与分泌过程、细胞膜的功能特点、跨膜运输

方式、实验结果分析、实验对照设计等内容。整道题目与生活实际密切相关，要求学生利用所学知识解释生命现象和相关实验结果，要求学生设计相关对照实验来完善药物评价效果，体现了试题的综合性和应用性。题目设问层次分明，难度递进，第（1）小题考查内容和方式传统典型，情境简单，具有基础性，后面题目特别是第（3）（4）小题设问巧妙，对学生发散思维和系统思维要求更高，体现了试题的创新性。

综上所述，根据高考评价体系“四翼”考查要求，生物学科高考命题要体现基础性、综合性、应用性和创新性。因此，命题中应有一定比例的基础性试题，引导学生打牢知识基础；试题之间、考点之间、学科之间应相互关联，实现对学生能力与素质的综合考查；采用贴近时代、贴近社会和生活的素材，鼓励学生理论联系实际，关心日常生活、生产活动中蕴含的实际问题，思考课题所学内容的应用价值；合理创设情境，设置新颖的试题呈现方式和设问方式，促使学生主动思考，发现新问题、找到新规律、得出新结论。

第三章
基于情境的高考试题命题分析

第一节　2022 年高考“生活实践情境”的命题分析

对于生物学科来说，“生活实践情境”是指学生日常生活中或社会实践中常见的与生物学相关现象或问题。例如光照、施肥、浇水等栽培措施与植物生长发育、产量的关系；不同疾病的表现和病因；营养物质、激素、抗生素等物质与人体健康的关系；生态系统中的动植物种类、分布和调查方法；等等。这些情境与学生自身健康、日常生活密切相关，对学生利用自身所学知识解释生活现象，解决生物学问题，培养学生热爱生活、热爱自然、珍惜生命、崇尚科学具有重要意义。

【例 1】（2022 年高考广东卷第 1 题）2022 年 4 月，习近平总书记在海南省考察时指出，热带雨林国家公园是国宝，是水库、粮库、钱库，更是碳库，要充分认识其对国家战略意义。从生态学的角度看，海南热带雨林的直接价值体现在其　　　　　　　　　　　　　　　　　　　　　　　　（　　）

A. 具有保持水土、涵养水源和净化水质功能，被誉为“绿色水库”

B. 是海南省主要河流发源地，可提供灌溉水源，保障农业丰产丰收

C. 形成了独特、多样性的雨林景观，是发展生态旅游的重要资源

D. 通过光合作用固定大气中 CO_2，在植被和土壤中积累形成碳库

评析：热带雨林是考生生活中熟悉的素材，该题目以热带雨林的价值结合时政新闻为情境来进行设计。必备知识主要涉及直接价值、间接价值、光合作用等概念。关键能力方面主要考查考生获取信息能力及其对概念和信息的理解

能力。学科素养方面帮助学生树立保护环境、合理开发自然资源的意识，培养考生保护生物多样性的责任与担当。

直接价值是对人类有食用、药用和工业原料等实用意义的，以及有旅游观赏、科学研究和文学艺术创作等非实用意义的价值；而间接价值是对生态系统起重要调节作用的价值（生态功能）。保持水土、涵养水源和净化水质功能是生态系统调节方面的作用，属于间接价值，A 不符合题意；是海南省主要河流发源地，能提供灌溉水源，保障农业丰收主要是热带雨林生态调节的体现，属于间接价值，B 不符合题意；形成了独特、多样性的雨林景观，是发展生态旅游的重要资源，属于旅游观赏价值，是直接价值的体现，C 符合题意；通过光合作用固定大气中 CO_2，在植被和土壤中积累形成碳库，是其在碳循环等环境调节方面的作用，属于间接价值，D 不符合题意。由上述分析可知该问题情境设计较为简单，体现了题目的基础性。

【例 2】（2022 年高考全国乙卷第 3 题）运动神经元与骨骼肌之间的兴奋传递过度会引起肌肉痉挛，严重时会危及生命。下列治疗方法中合理的是（　　）

A. 通过药物加快神经递质经突触前膜释放到突触间隙中

B. 通过药物阻止神经递质与突触后膜上特异性受体结合

C. 通过药物抑制突触间隙中可降解神经递质的酶的活性

D. 通过药物增加突触后膜上神经递质特异性受体的数量

评析：该题目以兴奋过度传递引起相关疾病及其药物作用机理为情境来进行设计，与学生生活和身体健康紧密相连。情境设计虽然简单，但是考查的相关内容全面详实，具有较强的目的性。必备知识方面涉及突触结构、内环境稳态、特异性受体和酶等概念。关键能力方面要求考生能够根据文本阅读来获取信息并建构简单的思维模型，综合运用知识来分析和解决问题。体现了题目对考生关键能力中理解能力和解决问题能力的考查。该题目的问题情境设计不仅可以训练学生的推理分析能力，还可以帮助学生树立结构与功能观、稳态与调节观，体现了对考生知识与观念，以及科学思维等学科素养的考查。

A 选项，如果通过药物加快神经递质经突触前膜释放到突触间隙中，突触间隙中神经递质浓度增加，与突触后膜上特异性受体结合增多，会导致兴奋过度传递引起肌肉痉挛，不符合题意；B 选项，如果通过药物阻止神经递质与突触后膜上特异性受体结合，兴奋传递减弱，会缓解兴奋过度传递引起的肌肉痉挛，可达到治疗目的，符合题意；C 选项，如果通过药物抑制突触间隙中可降解神经递质的酶的活性，突触间隙中的神经递质不能有效降解，导致神经递质与突触后膜上的特异性受体持续结合，导致兴奋传递过度引起肌肉痉挛，不符合题意；D 选项，如果通过药物增加突触后膜上神经递质特异性受体的数量，突触间隙的神经递质与特异性受体结合增多，会导致兴奋传递过度引起肌肉痉挛，不符合题意。题目涉及的知识考点较多，问题情境和推理过程具有一定复杂性，体现了试题的综合性。

【例 3】（2022 年高考全国乙卷第 6 题）依据鸡的某些遗传性状可以在早期区分雌雄，提高养鸡场的经济效益。已知鸡的羽毛性状芦花和非芦花受 1 对等位基因控制。芦花鸡和非芦花鸡进行杂交，正交子代中芦花鸡和非芦花鸡数目相同，反交子代均为芦花鸡。下列分析及推断错误的是　　（　　）

A. 正交亲本中雌鸡为芦花鸡，雄鸡为非芦花鸡

B. 正交子代和反交子代中的芦花雄鸡均为杂合体

C. 反交子代芦花鸡相互交配，所产雌鸡均为芦花鸡

D. 仅根据羽毛性状芦花和非芦花即可区分正交子代性别

评析：该题目以养鸡场利用鸡早期羽毛差异性来区分雌雄为情境进行设计，是运用遗传学知识解决生产实践问题的具体应用之一。必备知识方面考查了遗传定律、伴性遗传（ZW 型）等遗传学核心知识和基本规律。关键能力方面要求考生能够有效获取题目信息，并根据信息和所学知识构建遗传图解并分

析和解释相关遗传现象，并做出合理的判断，考查了考生理解能力和解决问题能力。学科素养方面通过情境设计引导学生运用知识解决生产实际问题，考查学生的科学思维，同时帮助学生树立劳动观念。

根据题意可知，正交子代中芦花鸡和非芦花鸡数目相同，反交子代均为芦花鸡，说明控制鸡羽毛性状芦花和非芦花的基因位于 Z 染色体上，且芦花为显性。设基因 A/a 控制芦花和非芦花。根据题意可知，正交为 Z^aZ^a（非芦花雄鸡）× Z^AW（芦花雌鸡），子代为 Z^AZ^a、Z^aW，且芦花鸡和非芦花鸡数目相同，反交为 $Z^AZ^A \times Z^aW$，子代为 Z^AZ^a、Z^AW，且全为芦花鸡，A 正确；正交子代中芦花雄鸡为 Z^AZ^a（杂合子），反交子代中芦花雄鸡也为 Z^AZ^a（杂合子），B 正确；反交子代芦花鸡相互交配，即 $Z^AZ^a \times Z^AW$，所产雌鸡为 Z^AW、Z^aW（非芦花），C 错误；正交子代为 Z^AZ^a（芦花雄鸡）、Z^aW（非芦花雌鸡），D 正确。题目要求考生对遗传基本规律和伴性遗传具有深刻的理解，要求考生运用学科综合知识解决实际问题，体现了题目具有综合性和应用性。

【例 4】（2022 年高考全国乙卷第 32 题）某种植物的花色有白、红和紫三种，花的颜色由花瓣中色素决定，色素的合成途径是：白色 $\xrightarrow{\text{酶 1}}$ 红色 $\xrightarrow{\text{酶 2}}$ 紫色。其中酶 1 的合成由基因 A 控制，酶 2 的合成由基因 B 控制，基因 A 和基因 B 位于非同源染色体上。回答下列问题：

（1）现有紫花植株（基因型为 AaBb）与红花杂合体植株杂交，子代植株表现型及其比例为______；子代中红花植株的基因型是______；子代白花植株中纯合体占的比例为______。

（2）已知白花纯合体的基因型有 2 种。现有 1 株白花纯合体植株甲，若要通过杂交实验（要求选用 1 种纯合体亲本与植株甲只进行 1 次杂交）来确定其基因型，请写出选用的亲本基因型、预期实验结果和结论。

评析：该题目以生活中某植物花色类型为情境进行设计。必备知识方面考查杂交、表现型、基因型、分离定律、自由组合定律等遗传学概念和基本规律。关键能力方面要求考生具有一定的演绎推理能力，能够根据题意获取有用信息，通过推理、分析、计算得出相关结论，并设计实验方案解决问题。该题目体现出对考生理解能力、实验与探究能力、解决问题能力的重点考查。学科素养方面侧重对考生发散思维、模型建构等科学思维的考查。

根据题意，Aa 和 Bb 两对基因遵循自由组合定律，A_B_ 表现为紫花，A_bb 表现为红花，aa_ _ 表现为白花。紫花植株（AaBb）与红花杂合体（Aabb）杂交，子代可产生 6 种基因型，其比例为 AABb（紫花）∶AaBb（紫花）∶aaBb（白花）∶AAbb（红花）∶Aabb（红花）∶aabb（白花）=1∶2∶1∶1∶2∶1。故子代植株表现型及比例为白色：红色：紫色 =2∶3∶3；子代中红花植株的基因型有 2 种：AAbb、Aabb；子代白花植株中纯合体 (aabb) 占的比例为 1/2。白花纯合体的基因型有 aaBB 和 aabb 2 种。要检测白花纯合体植株甲的基因型，可选用 AAbb 植株与之杂交，若白花纯合体的基因型为 aaBB，则实验结果为：aaBB × AAbb → AaBb（全为紫花）；若白花纯合体的基因型为 aabb，则实验结果为：aabb × AAbb → Aabb（全为红花）。这样就可以根据子代的表现型将白花纯合体的基因型推出。通过上述分析可知题目设计具有综合性和应用性。

【例 5】（2022 年高考全国乙卷 31 题）某研究小组借助空中拍照技术调查草原上地面活动的某种哺乳动物的种群数量，主要操作流程是选取样方、空中拍照、识别照片中该种动物并计数。回答下列问题。

（1）为保证调查可靠性和准确性，选取样方应注意的主要事项有________（答出 3 点即可）。

（2）已知调查区域总面积为 S，样方面积为 m，样方内平均个体数为 n，则该区域的种群数量为________。

（3）与标志重捕法相比，上述调查方法的优势有___________（答出 2 点即可）。

评析：种群数量变化研究对于物种繁衍发展，以及生态系统稳定性具有重要意义，该题目以草原某哺乳动物种群数量调查为情境进行设计。必备知识考查了样方选取、种群数量估算等内容。关键能力方面考查考生根据题意和所学知识来解决问题的能力，以及相对旧方法分析新技术优势的创新能力。学科素养方面，该题目在考查考生科学思维的同时，引导其树立运用新技术、新方法更能有效解决问题的观念，以及减少人类干扰、保护野生动物、热爱自然、热爱生命的责任与意识。

调查植物种群密度常用样方法，样方法是指在被调查种群的分布范围内，随机选取若干个样方，通过计数每个样方内的个体数，求得每个样方的种群密度，以所有样方中种群密度的平均值作为该种群的种群密度估计值。为避免人为因素的干扰，保证调查的可靠性和准确性，选取样方时关键要做到随机取样、要依据调查范围大小来确定样方大小和数量、样方大小要一致、样方数量要适宜。假设该区域内种群数量为 N，样方内平均个体数为 n，已知所调查区域总面积为 S，样方面积为 m，调查区域内种群密度相等，$N \div S=n \div m$，则 $N=(S \times n)/m$。研究小组借助空中拍照技术调查草原上地面活动的某种哺乳动物的种群数量，与标志重捕法相比，该调查方法周期短，不受不良天气变化的影响，对野生动物生活干扰少，操作更简便，并允许在繁殖季节收集更多的数据。通过以上分析可知该题目具有综合性、应用性和创新性。

第二节　2022 年高考“学习探索情境”的命题分析

学习探索情境源于真实的研究过程或实际的探索过程，涵盖探索与科学探究过程中所涉及的问题。解决这类情境问题时，必须根据所学知识开展高层次的智力活动，需要更多地运用创新的思维方式。对于生物学科来说，“学习探索情境”主要来源实验和科学探究，是真实的生物学研究的内容以及由这些内容，进行知识迁移设定的情境或提出的问题。“学习探索情境”试题对于考生关键能力和学科素养的评价具有重要作用，因此在生物学高考中该类型题目占较大比例。

【例 1】（2022 年高考全国乙卷第 4 题）某种酶 P 由 RNA 和蛋白质组成，可催化底物转化为相应的产物。为探究该酶不同组分催化反应所需的条件。某同学进行了下列 5 组实验（表中“+”表示有，“-”表示无）。

表 3-1

实验组	①	②	③	④	⑤
底物	+	+	+	+	+
RNA 组分	+	+	-	+	-
蛋白质组分	+	-	+	-	+
低浓度 Mg^{2+}	+	+	+	-	-
高浓度 Mg^{2+}	-	-	-	+	+
产物	+	-	-	+	-

根据实验结果可以得出的结论是　　（　　）

A. 酶 P 必须在高浓度 Mg^{2+} 条件下才具有催化活性

B. 蛋白质组分的催化活性随 Mg^{2+} 浓度升高而升高

C. 在高浓度 Mg^{2+} 条件下 RNA 组分具有催化活性

D. 在高浓度 Mg^{2+} 条件下蛋白质组分具有催化活性

评析：该题目以实验探究某种酶的催化条件为情境进行设计。要求考生对实验结果进行分析推理后得出相关结论，其过程也是考生学习探索过程。

必备知识考查酶的本质与作用、酶反应条件、实验对照、自变量、因变量等。关键能力方面考查考生根据实验数据结果获取有用信息的能力，通过对比分析做出准确判断的实验与探究能力。学科素养方面考查学生结构与功能观等学科观念。

由表格数据可知，该实验的自变量是酶的组分、Mg^{2+}的浓度，因变量是有没有产物生成，底物为无关变量。第①组中，酶P在低浓度Mg^{2+}条件下，有产物生成，说明酶P在该条件下具有催化活性，A错误；第③组和第⑤组对照，无关变量是底物和蛋白质组分，自变量是Mg^{2+}浓度，无论是高浓度Mg^{2+}条件下还是低浓度Mg^{2+}条件下，两组均没有产物生成，说明蛋白质组分无催化活性，B、D错误；第②组和第④组对照，无关变量是底物和RNA组分，自变量是Mg^{2+}浓度，第④组在高浓度Mg^{2+}条件下，有产物生成，第②组在低浓度Mg^{2+}条件下，没有产物生成，说明在高浓度Mg^{2+}条件下RNA组分具有催化活性，C正确。该题目情境新颖，具有较高的复杂性，通过上述分析可见该题目具有综合性和创新性。

【例2】（2022年高考山东卷第1题）某种干细胞中，进入细胞核的蛋白APOE可作用于细胞核骨架和异染色质蛋白，诱导这些蛋白发生自噬性降解，影响异染色质上的基因的表达，促进该种干细胞的衰老。下列说法错误的是（　　）

A. 细胞核中的APOE可改变细胞核的形态

B. 敲除APOE基因可延缓该种干细胞的衰老

C. 异染色质蛋白在细胞核内发生自噬性降解

D. 异染色质蛋白的自噬性降解产物可被再利用

评析：该题目以干细胞衰老机制为情境进行设计，该情境对于考生来说是较为新颖、复杂的情境。必备知识层面，该题目涉及细胞衰老特征、溶酶体作用等知识。由于该题目素材是考生陌生的内容，要通过深刻理解题意并做出合理的推理才能得出正确结论，因此关键能力方面主要考查学生理解能力和综合运用知识解决问题的能力。学科素养则考查了考生的结构与功能观及科学思维水平。

异染色质是指在细胞周期中具有固缩特性的染色体。细胞自噬是细胞通过溶酶体（如动物）或液泡（如植物、酵母菌）降解自身组分以达到维持细胞内正常生理活动及稳态的一种细胞代谢过程。由“蛋白 APOE 可作用于细胞核骨架”可知，APOE 可改变细胞核的形态，A 正确；蛋白 APOE 可促进该种干细胞的衰老，所以敲除 APOE 基因可延缓该种干细胞的衰老，B 正确；自噬是在溶酶体或液泡中进行，不在细胞核内，C 错误；异染色质蛋白的自噬性降解产物是氨基酸，可被再利用，D 正确。该题目情境复杂，要求学生在陌生的情境中主动思考，并具有推测和论证的能力，体现了题目的综合性和创新性。

【例 3】（2022 年高考山东卷第 10 题）石蒜地下鳞茎的产量与鳞茎内淀粉的积累量呈正相关。为研究植物生长调节剂对石蒜鳞茎产量的影响，将适量赤霉素和植物生长调节剂多效唑的粉末分别溶于少量甲醇后用清水稀释，处理长势相同的石蒜幼苗，鳞茎中合成淀粉的关键酶 AGPase 的活性如图。下列说法正确的是（　　）

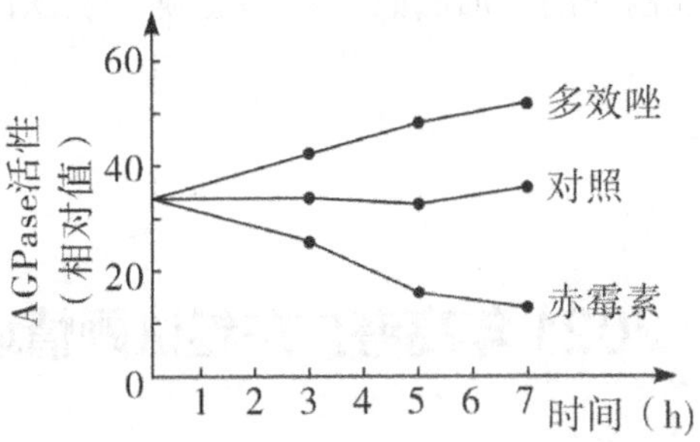

图 3–1

A. 多效唑通过增强 AGPase 活性直接参与细胞代谢

B. 对照组应使用等量清水处理与实验组长势相同的石蒜幼苗

C. 喷施赤霉素能促进石蒜植株的生长，提高鳞茎产量

D. 该实验设计遵循了实验变量控制中的“加法原理”

评析：该题目以植物生长调节剂多效唑和植物激素赤霉素对石蒜地下鳞茎产量的影响实验为情境来进行设计。情境新颖且较为复杂，与生产实践紧密联系。必备知识层面考查激素和植物生长调节剂的作用、实验设计原理等内容。要求考生根据题干和图示所提供信息结合所学知识能够推理并做出合理判断，因此关键能力主要考查学生理解能力、实验探究能力。学科素养方面主要考查了科学思维、探究与创新，引导学生建立信息观。

由图可知，与对照组比较，多效唑可以增强 AGPase 活性，促进鳞茎中淀粉的合成。但是植物激素和植物生长调节剂不能直接参与细胞代谢，只能间接调节细胞代谢，A 错误；由“适量赤霉素和植物生长调节剂多效唑的粉末分别溶于少量甲醇后用清水稀释”可知，对照组应使用等量的甲醇 – 清水稀释液处理，B 错误；赤霉素降低 AGPase 的活性，进而抑制鳞茎中淀粉的积累，根据石蒜地下鳞茎的产量与鳞茎内淀粉的积累量呈正相关可知，喷施赤霉素不能提高鳞茎产量，反而使得鳞茎产量减少，C 错误；与常态比较，人为增加某种影响因素的称为“加法原理”，用外源激素赤霉素和植物生长调节剂多效唑处理遵循了实验变量控制中的“加法原理”，D 正确。该题目体现了综合性、应用性和创新性。

第三节　2021 年高考广东卷试题情境化探析

2019 年教育部明确提出立足全面发展育人目标，构建包括“价值引领、素养导向、能力为重、知识为基”在内的高考考查内容体系。情境化试题是实现该指导思想极其重要的载体。生物学情境化试题是将抽象的生物学规律、概

念和生活实际中真实存在的具体问题相联系的一类试题，体现了理论联系实际和学以致用的观念。学生要在核心价值引领下利用所学知识和所具备关键能力来解决相关实际问题，全面展现自我生物学素养水平。2021 年广东高考生物试题在情境化方面的创设和应用很好地承载了生物学核心素养的考查，彰显了高考评价体系的理念。现对该份试题情境化方面进行举例分析，以期对教学和试题原创方面提供相关启示。

一、试题情境化分类

为了更准确地对试题情境进行分析，将 2021 年高考广东生物试题情境细分为五类：社会制度和传统文化情境；生活、生产和实践情境；人体健康与疾病情境；科学实验和探究情境；科学史情境。

（一）社会制度和传统文化情境

中国作为文明古国，自中华人民共和国成立以来逐渐成为高速、健康发展的社会主义国家，并拥有着灿烂的传统文化、优越的社会制度以及构建人类命运共同体的大国担当。

【例 1】（2021 年高考广东卷第 2 题）“葛（葛藤）之覃兮，施与中谷（山谷），维叶萋萋。黄鸟于飞，集于灌木，其鸣喈喈”（节选自《诗经・葛覃》）。诗句中描写的美丽景象构成了一个　（　　）

A. 黄鸟种群　B. 生物群落　C. 自然生态系统　D. 农业生态系统

评析：《诗经》在我国文学史上有着崇高的地位和深远的影响，是我国灿烂传统文化的瑰宝代表。该题目以《诗经》中的诗句为情境来考查学生对种群、群落和生态系统概念的理解和辨析，也让学生感受到了自然之美和诗歌之美。可以看出以社会制度和传统文化为情境的试题在考查学生知识、能力的同时，有利于学生树立对国家、社会制度、传统文化等方面的认同感和自豪感，激发学生制度自信、文化自信和家国情怀，是培养学生核心价值的重要体现。

（二）生活、生产和实践情境

生产、生活和实践情境是日常生活中学生所遇到、亲身体验或学习的相关生物学现象，例如农业生产、生物制药、模型建构，等等。以此为情境的试题是高考中最为常见的类型。

【例 2】（2021 年高考广东卷第 11 题）白菜型油菜（$2n = 20$）的种子可以榨取食用油（菜籽油）。为了培育高产新品种，科学家诱导该油菜未受精的卵细胞发育形成完整植株 Bc。下列叙述错误的是　　（　　）

A.Bc 成熟叶肉细胞中含有两个染色体组

B. 将 Bc 作为育种材料，能缩短育种年限

C. 秋水仙素处理 Bc 幼苗可以培育出纯合植株

D. 自然状态下 Bc 因配子发育异常而高度不育

评析：通过育种培养优质品种对于种植业具有重要意义。白菜型油菜是南方常见的油菜品种，以此为情境考查了学生对染色体组、单倍体育种等概念的理解和应用。以生活、生产实践为情境设计试题，要求学生利用所学知识来解释熟悉的生物学现象或解决相关的实际问题，有利于学生培养发现问题、分析问题和解决问题的能力，提高学生热爱生活、崇尚科学的精神。

（三）人体健康与疾病情境

人体健康与疾病情境和人体稳态及稳态的调节方式等内容密切相关。要求学生解释相关人体健康（保健）或疾病的生物学现象及其机理，其难度相对较高。

【例 3】（2021 年高考广东卷第 18 题）太极拳是我国的传统运动项目，其刚柔并济、行云流水般的动作是通过神经系统对肢体和躯干各肌群的精巧调控及各肌群间相互协调而完成。如“白鹤亮翅”招式中的伸肘动作，伸肌收缩的

同时屈肌舒张。如图 3–2 为伸肘动作在脊髓水平反射弧基本结构的示意图。

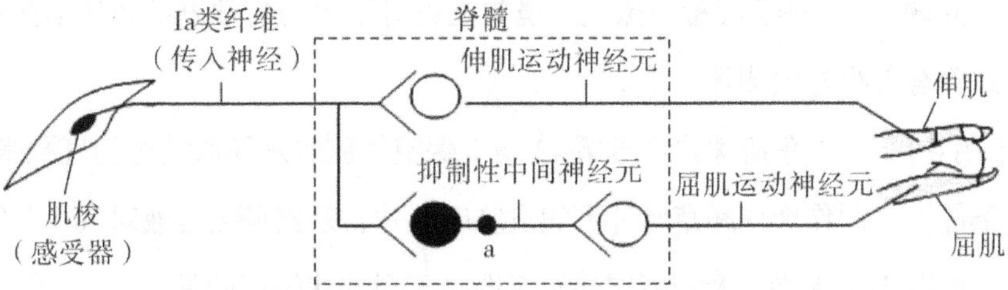

图 3–2 伸肘动作在脊椎水平反射弧基本结构

回答下列问题：

（1）图中反射弧的效应器是_____及其相应的运动神经末梢。若肌梭受到适宜刺激，兴奋传至 a 处时，a 处膜内外电位应表现为______。

（2）伸肘时，图中抑制性中间神经元的作用是______，使屈肌舒张。

（3）适量运动有益健康，一些研究认为太极拳等运动可提高肌细胞对胰岛素的敏感性，在胰岛素水平相同的情况下，该激素能更好地促进肌细胞_______，降低血糖浓度。

（4）有研究报道，常年坚持太极拳运动的老年人，其血清中 TSH、甲状腺激素等的浓度升高，因而认为运动能改善老年人的内分泌功能，其中 TSH 水平可以作为评估______（填分泌该激素的腺体名称）功能的指标之一。

评析：太极拳是我国非物质文化遗产，在我国有广大的群众基础。该题目以人们耳熟能详的太极拳为情境，其知识层面涉及神经调节、激素调节、血糖平衡等内容，能力方面要求学生能够具有一定的推理、归纳等能力，并通过模型分析得出相关结论。人体健康与疾病这类情境设计不仅能够促进学生关键能力的提升而且有利于学生培养热爱运动、珍爱生命的意识。

（四）科学实验与探究情境

生物学是一门建立在实验基础上的自然学科。科学实验和科学探究的情境主要来自真实的生物学研究的内容以及由这些内容进行知识迁移设定的情境或提出的问题[2]。科学实验和探究情境类题目对学生的科学思维和科学探究等核心素养有着很好的测评效果。

【例 4】(2021 年高考广东卷第 13 题)保卫细胞吸水膨胀使植物气孔张开。适宜条件下,制作紫鸭跖草叶片下表皮临时装片,观察蔗糖溶液对气孔开闭的影响,如图 3–3 为操作及观察结果示意图。下列叙述错误的是 ( )

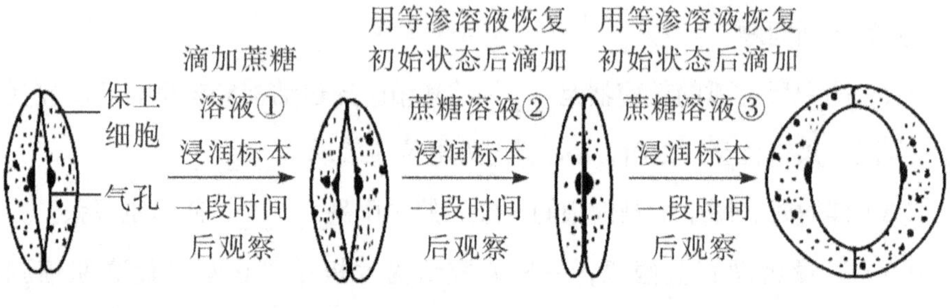

图 3–3

A. 比较保卫细胞细胞液浓度,③处理后>①处理后

B. 质壁分离现象最可能出现在滴加②后的观察视野中

C. 滴加③后有较多水分子进入保卫细胞

D. 推测 3 种蔗糖溶液浓度高低为②>①>③

评析:该题目是以教材“植物细胞(紫色洋葱鳞片叶细胞)的失水和吸水”实验为基础,换用保卫细胞进行了相关实验,虽然实验材料和实验现象与教材不同,但原理和方法相同。重点考查学生根据实验结果分析推理能力,要求学生能够通过现象看到科学本质。以科学实验与探究为试题情境,在考查学生能力和素养的同时,激发学生科学探究的热情,有利于学生培养严谨的实验态度和勇于创新的科学精神。

（五）科学史情境

生物科学史是生物学学科不断发展、继承和修正的过程，蕴含丰富的生物学知识体系和研究成果，还有科学的研究方法和手段，也包含了科学家勇于探索、追求真理的艰辛历程。

【例 5】（2021 年高考广东卷第 5 题）DNA 双螺旋结构模型的提出是二十世纪自然科学的伟大成就之一，下列研究成果中，为该模型的构建提供主要依据的是（　　）

①赫尔希和蔡司证明 DNA 是遗传物质的实验

②富兰克林等拍摄的 DNA 分子 X 射线衍射图谱

③查哥夫发现的 DNA 中嘌呤含量与嘧啶含量相等

④沃森和克里克提出的 DNA 半保留复制机制

A. ①②　　B. ②③　　C. ③④　　D. ①④

评析：该题目涉及生物科学史上遗传学和分子生物学方面的重大发现，以此为情境让学生去辨析和判断。广东卷有 3 道题目以科学史为情境，所涉及的内容成果均获诺贝尔奖。科学史学习和应用不仅让学生了解科学发展历程，更重要的是让学生学习科学家的思维方式、实验技能和科学态度，更好地理解和借鉴生物学科观念和研究方法，有利于创新能力的发展。

二、试题情境化对教学启示

在教学过程中教师要注重教学内容与情境的融合，特别是概念教学要注重“情境化—去情境化—再情境化”的实施。学生对生物学概念的建立是需要生物学现象等能够体现概念本质的情境。教师要根据学生当前的认知水平创设真实客观的情境（情境化），通过科学的方法引导学生抽象出事物或现象的本质，自我归纳总结出相关概念（去情境化）。再利用概念去解决与学生生活、学习密切相关的实际问题（再情境化）来锻炼学生学以致用的能力，这也是学习概念的最终目的。

例如在学习呼吸作用这个概念的时候要对教材进行补充和重组，借助“内共生学说”“三大有机物细胞呼吸过程及联系”“有氧呼吸和无氧呼吸过程及能量对比”等情境让学生理解细胞呼吸对象不仅仅是糖类，也可以是脂质和蛋白质；不同类型细胞进行无氧呼吸和有氧呼吸都是将有机物氧化分解，不同点是能不能彻底氧化分解，从而使产物不同；呼吸作用目的最重要的是释放能量来合成 ATP，而不是获得二氧化碳等产物。通过这些学习后学生才能理解教材呼吸作用的概念为何要那样表述，也才能更好地自我总结出细胞呼吸的概念，为应用概念提供了基础。针对呼吸作用概念的应用是高考的高频考点，例如让学生解释耕地松土的作用、人体剧烈运动肌肉酸痛的原因，等等。这就要求教师在平时教学过程中要通过设计合理的生产、学习、实践等方面的问题来训练学生的思维，提升学生运用知识解决问题的能力。

实验探究也是培养学生生物学素养的重要方式，也要创设相应的情境。在教学过程中教师可以设计与学生生活经验相矛盾或认知相冲突的情境，引导学生在情境中发现问题，并要求学生根据所探究的内容制定相应的计划、实验方案并进行实施。在情境中激发学生的探究欲望、感受探究过程，提升探究能力。

在日常教学中，编制试题过程要以高考评价体系为指导引入试题情境，在核心价值和学科素养的导向下，实现考查内容、要求和情境的有机融合。根据学生的学情实际考虑情境的复杂程度，统筹试题的难度和层次性。教师在设计原创试题时要有针对性地思考如何利用合适真实的情境来进行命制，让学生在高质量的情境问题中去思考、辨析、总结、表达，提升思维的品质和解决实际问题的能力，进而促进素养发展。

第四节 近年来高考遗传类题目评析

一、经典遗传类题目评析

有关遗传规律题目是高考全国卷高频考点，也是学生失分较为严重的题目。因为该类题目要求学生具有较高的信息获取能力和综合运用能力，具有相应的归纳概括、演绎推理、模型建构等科学思维。学生通过高三复习后，针对经典遗传类题目往往都会形成自己的解题方法和套路，可以快速、准确地解决一些题目。

【例1】(2021年广东卷第20题）果蝇众多的突变品系为研究基因与性状的关系提供了重要的材料。摩尔根等人选育出M-5品系并创立了基于该品系的突变检测技术，可通过观察F_1和F_2代的性状及比例，检测出未知基因突变的类型（如显/隐性、是否致死等），确定该突变基因与可见性状的关系及其所在的染色体。回答下列问题：

（1）果蝇的棒眼（B）对圆眼（b）为显性、红眼（R）对杏红眼（r）为显性，控制这2对相对性状的基因均位于X染色体上，其遗传总是和性别相关联，这种现象称为__________。

（2）图3-4（甲）所示为基于M-5品系的突变检测技术路线，在F_1代中挑出1只雌蝇，与1只M-5雄蝇交配，若得到的F_2代没有野生型雄蝇、雌蝇数目是雄蝇的两倍，F_2代中雌蝇的两种表现型分别是棒眼杏红眼和__________，此结果说明诱变产生了伴X染色体__________基因突变。该突变的基因保存在表现型为__________果蝇的细胞内。

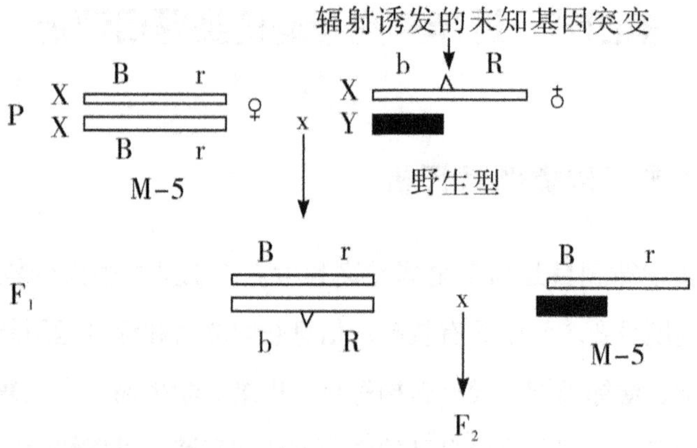

注：不考虑图中染色体间的交叉互换和已知性状相关基因的突变

图 3-4（甲）

（3）上述突变基因可能对应图 3-4（乙）中的突变__________（从突变①、②、③中选一项），分析其原因可能是_________，使胚胎死亡。

密码子序号	1 … 4 … 19 20 … 540	密码子表（部分）：
正常核苷酸序列 突变后核苷酸序列	AUG…AAC…ACU UUA…UAG 突变①↓ AUG…AAC…ACC UUA…UAG	AUG：甲硫氨酸，起始密码子 AAC：天冬酰胺
正常核苷酸序列 突变后核苷酸序列	AUG…AAC…ACU UUA…UAG 突变②↓ AUG…AAA…ACU UUA…UAG	ACU、ACC：苏氨酸 UUA：亮氨酸
正常核苷酸序列 突变后核苷酸序列	AUG…AAC…ACU UUA…UAG 突变③↓ AUG…AAC…ACU UGA…UAG	AAA：赖氨酸 UAG、UGA：终止密码子 …表示省略的、没有变化的碱基

图 3-4（乙）

（4）图 3-4（甲）所示的突变检测技术，具有的①优点是除能检测上述基因突变外，还能检测出果蝇＿＿＿＿＿＿基因突变；②缺点是不能检测出果蝇＿＿＿＿＿＿基因突变。（①、②选答 1 项，且仅答 1 点即可）

参考答案：（1）伴性遗传

（2）棒眼红眼　隐性致死　棒眼红眼雌

（3）② 氨基酸改变，蛋白质的结构和功能改变（或：③ 终止密码子提前，肽链变短，蛋白质改变）

（4）优点：伴 X 染色体的显性可见缺点：隐性

（一）试题的特点及创新点

试题以果蝇的突变品系为材料，研究基因与性状的关系，综合考查人教版高中《生物学·必修二·遗传与进化》中基因和染色体的关系、基因的表达、基因突变及其他变异的相关知识，突出生物学科学史的实践应用，彰显科学探究在生物学学习过程中的重要性。该题涉及的考点有：伴性遗传［第（1）小题］；基因的分离定律［第（2）小题］；基因与性状的关系（第 3、4 小题）；基因突变的特征和原因［第（3）、（4）小题］。以往常见的高考遗传大题的考查内容和方式通常是遗传计算、遗传图解、遗传实验设计等方面，而该题考查内容与方式较为新颖，突出科学探究这一核心素养的考查，既体现高考试题的基础性和综合性，又能够充分看出试题的创新性。具体来说，该题的创新之处体现在以下三个方面：

1. 试题设问充分体现高考的服务选才功能

试题的第 1 小题考查伴性遗传的概念，体现试题的基础性；试题的第 2 小题介绍果蝇 M–5 品系的突变检测技术路线，并以此设问考查学生的理解能力和获取信息能力，体现试题的综合性；试题的第（3）小题顺延上一小问的信息，在基因的表达过程中迁移应用，体现试题的应用性；试题的第（4）小题要根据前面的信息总结分析 M–5 突变检测技术的优缺点，体现试题的综合性和创新性。

设置开放性问题并明确作答要求，摆脱唯一答案的束缚，留给考生充分思考与发挥的空间，体现创新性的考查方式，有利于学生创新思维的培养。试题的第（3）小题和第（4）小题都设置了三选一或二选一的问题，没有限定答案，但是明确答题要求，属于开放性问题，能够给考生充分的思考空间，并可能生成创新性答案，有利于学生创新思维的发展。从以上分析可以看出，试题的设问步步为营，层层递进，设问的区分度高，能够为高校选拔出优秀的人才。

2. 试题内容充分体现高考的导向教学功能

遗传内容的复习一直是考生的难点，为此，一线教师在复习过程中为考生大量总结遗传试题的解题方法和技巧，比如说遗传计算试题的一般解题步骤，遗传实验设计的通用解题模板，等等。该试题内容的考查采用新颖的方式呈现生物学遗传内容，规避了学生死记硬背就能拿分的应试形式，体现了高考的公平性。该试题的呈现也必然会为一线生物学教学和复习指明方向，在必备知识的基础上，要更加注重培养学生的关键能力和核心素养，只有学生的生物学素养得到大幅度提升，才能在高考试题作答中绽放异彩。

3. 突出能力立意，着重考查考生的解决问题能力和创新能力

果蝇 M-5 突变品系作为试题的背景素材，来源于大学遗传学教材，试题将遗传学相关知识与生物学科学史中的相关研究成果结合起来，创设复杂的学习探究情境，综合考查学生理解能力、实验探究能力和解决问题能力，试题的第（3）小题和第（4）小题要求针对突变检测技术的应用，发现并解决新的问题和提出新的解释，这很好地考查了学生的创新能力。可以看出，试题突出考查考生的关键能力，检测考生能否对情境中的生物学现象或事实，进行合理的观察、提问、讨论和表达，充分体现了高考试题能力立意的特点。

（二）对学科素养的考查

高中生物学学科素养主要包括知识与观念、科学思维、探究与创新、责任与担当，依次对应生物学课程标准核心素养的生命观念、科学思维、科学探究和社会责任。学科素养这4个方面形成统一的整体，统摄学科的必备知识和关键能力。该题在学科素养方面，着重考查了科学思维和探究与创新两个方面。

1. 以缜密的科学史实考查学生的科学思维

科学思维是理论逻辑和事实证据相互协调的过程，科学思维在生物学学科中更强调发现现象背后的生物学规律，探究生物学现象出现与其相关的主要因素及众多因素之间的相互影响。科学思维是思维方法的呈现，通用的科学思维方法包括比较与分类、分析与综合、归纳与演绎、抽象与概括、批判性思维、创新性思维等。试题介绍了摩尔根等人选育出的M–5品系，再现了突变检测技术的流程，用缜密详实的科学史材料考查学生的分析与综合、归纳与演绎和创新性思维的科学思维。

科学史实的材料可以作为证据，依据证据的分析与综合，寻找背后的生物学规律，试题的第（2）小题再现突变检测技术的流程，可以作为证据作答第（3）小题和第（4）小题，很好地通过分析与综合，考查考生的科学思维养成情况。试题的第（3）小题要求考生运用逻辑推理和演绎，学会判断突变基因的类型，再根据逻辑推理和演绎过程写出判断依据，这是通过论证式策略利用归纳与演绎的思维方式来考查考生的科学思维。试题的第（4）小题要求考生根据前面作答的情况，综合分析突变检测技术的优缺点，着重考查考生的创新性思维。

2. 递进开放的设问，考查学生的探究与创新

探究与创新是实践探索学科素养的体现。探究是科学的灵魂，提倡探究的教学能够激发学生学习的积极性，有利于学生的自主思考，有助于开发学生的潜能。创新能力的培养是教育的本质要求，探究与创新是新高考评价体系中学科素养的关键一环。

该试题的探究主要体现在对特定的生物学现象或事实进行观察、分析、讨论和表达的过程。图 3–4 甲展示了突变检测技术的部分过程，对图 3–4（甲）背后的遗传规律、基因突变、是否致死等现象进行分析推理，并将结果表达出来。该试题的创新主要体现在分析问题和解决问题过程中所表现出来的新思维、新方法。试题的第（3）小题判断突变基因的类型并写出依据，试题设置成半开放式的填空，参考答案也有两个，这样试题的难度不会变得太大，且区分度较高，也能够充分体现学生在分析和解决问题过程中所体现出来的创新性。

（三）解题指导与变式试题

该试题以遗传学相关科学史的实验为载体，通过果蝇 M–5 品系的突变检测技术为情境，充分考查考生对遗传学相关知识和能力的掌握情况，试题的牵涉面较广，内容较深，试题的难度和区分度较高，对考生的生物学素养要求较高。该试题的考查也提醒生物学教师，在高中生物学教学过程中，采用缺乏师生互动和探究的填鸭式教学来灌输是行不通的，这样容易造成学生的思维定势，导致教学效率低下，也不利于学生核心素养的形成。

1. 解题指导

解遗传题着重在于理解试题的信息，精准读题，在有限的时间内准确把握试题的考查意图，并分辨出试题信息的重要性，结合教材所学知识，准确作答。针对遗传题的特点，采用读题、审问、作答、回顾核对这四步进行高效解题。

读题，要求学生通读题干和图表等，获取关键信息，并在草稿纸上进行图文转换，判断试题的考查内容和大致难度。

审问，要求学生能够细看设问，避开设问的陷阱，排除干扰信息，找准答题的突破口，利用读题获取的信息尝试回答问题。

作答，要求学生利用读题和审问环节获得的信息结合所学知识再次作答，作答过程要求逻辑严谨，演绎推理合情合理。

回顾核对，要求学生通读设问和自己作答的答案，看是否前后连贯，逻辑是否合理，思维是否跳跃，同时要关注题干所给的关键信息是否全部用到。

采用读题、审问、作答、回顾核对这四步来分析遗传题，不仅能快速、准确、全面地理解题意，迅速把握试题的考查意图，而且能加快解题速度，提高答题的精准度。

2. 变式试题

研究高考试题是教师的必修课，这是因为高考试题发挥着导向教学的作用。然而，如果我们只是就题论题，那么高考试题的价值会被大大压缩了。实施变式训练，是帮助学生巩固基础、辨明概念、克服自身思维狭窄性的有效手段。利用高考试题开展变式试题的开发和训练，可以训练学生的易错易漏点，进一步挖掘高考试题的价值。一般来说，可以通过改变试题的设问方式、试题的情境，以及试题的考查范围等来设计变式试题。

变式 1　果蝇的棒眼和圆眼、红眼和杏红眼这两对相对性状的遗传遵循__________，不遵循______________，为什么？______________（基因的分离定律；基因的自由组合定律；控制这两对性状的两对等位基因都位于 X 染色体上）

变式 2　图甲所示是基于 M-5 品系的突变检测技术路线，在 F_1 代中挑出 1 只雌蝇，与 1 只 M-5 雄蝇交配，若诱发的突变为显性可见突变，则 F_2 代雄蝇中显性突变所占比例是________________。为什么不能检测出隐性突变？________________（1/2；因为隐性突变可能未导致生物性状发生改变，无法判断其是否是隐性突变还是没有突变或其他情况导致的）

变式 1 是在第 1 小题的基础上延伸出来的问题，通过改变考查方式来考查学生是否理解基因的分离定律和自由组合定律的本质这一主干知识，难度较低。变式 2 是在第 2 小题和第 4 小题的基础上，通过变换试题的因果关系设计出来的，试题难度中等。变式 1 和变式 2 都结合立德树人的基本理念，通过设问来考查学生的必备知识和关键能力，探讨试题的多种可能性，促进学生科学思维的发展，提高学生科学探究和创新的能力。通过变式试题的练习，让学生发现自身存在的问题，巩固已学知识，可以生成新的试题资源，引导学生继续思考相关问题，对学生核心素养的养成也起到促进作用。

（四）备考策略及相关建议

遗传学内容是生物学高考必考的内容之一，也是体现高考立德树人导向的具体内容之一。遗传试题在高考的考查方式和内容呈现上都出现多样化的趋势，如何在备考过程中提升学生的核心素养以应对新高考的变化，是每个教师必须面对的问题。

1. 挖掘教材内容，夯实学生的必备知识

必备知识是由生物学的基本概念、基本规律、基本方法组成的学科基础知识体系。高考试题通过变换各种试题情境来考查高中生物学内容，其中最为基础也最为重要的就是生物学的必备知识。教师在备考过程中，要注重挖掘教材内容，深入理解教材的内在逻辑，只有在理解的基础上记忆才更深刻，比如人教版《遗传与进化》教材中，从遗传因子的发现、基因是什么、基因是如何发挥作用的、基因发生变化会怎样以及基因与进化的关系这样富有逻辑的链条让整本教材更易于理解和记忆。

2. 加强实验和科学史研究，提升学生的关键能力

在中学生物学教材中，许多科学史材料都蕴涵着多个维度的生物学学科核心素养。如果能够加强科学史材料的挖掘和研究，对学生的理解能力、实验探究能力、解决问题能力和创新能力都有良好的促进作用。人教版《遗传与进化》整本教材中，总共有 14 个科学史材料，其中有 11 个科学史材料能够很好地体现科学思维和科学探究这两个核心素养，2021 年广东卷第 20 题也是来源于“摩尔根”这一科学史材料的延伸。所以，这提醒教师，在复习备考过程中，尤其是在实验复习专题时，需要花大力气准备科学史的教学设计，深度挖

掘科学史材料，将实验探究能力充分体现在科学史的复习备考中。

3. 引导学生主动思考，深度学习，提升素养应对陌生情境

2017 版《普通高中生物学课程标准》中特别指出，试题素材应贴近学生生活实际，以真实问题情境组织命题，应注重考查学生综合运用所学的知识和技能解决问题的能力。这就要求教师在复习备考过程中，要千方百计地提升学生学习生物学的热情，引导学生主动学习、深度学习，将所学知识与实际的生产生活联系起来，高考试题的情境除了学习探索问题情境，还包括生活实践问题情境，要将从做中学和从学中做充分结合起来，提升学生的学科素养，让高考试题的陌生情境变得不陌生。

【例 2】（2019 年高考全国 I 卷第 32 题）某实验室保存有野生型和一些突变型果蝇。果蝇的部分隐性突变基因及其在染色体上的位置如图 3–5 所示。回答下列问题。

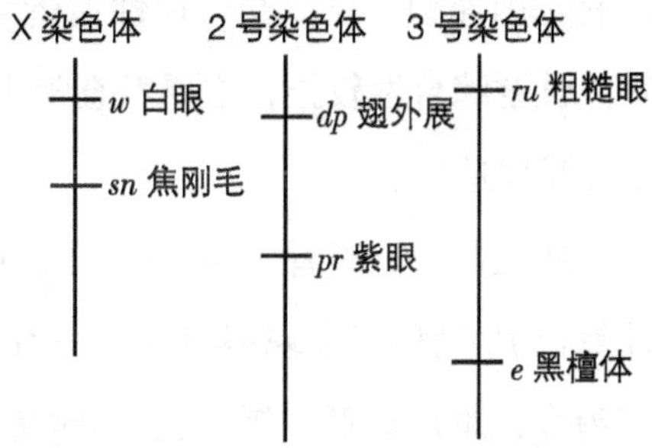

图 3–5

（1）同学甲用翅外展粗糙眼果蝇与野生型（正常翅正常眼）纯合子果蝇进行杂交，F_2 中翅外展正常眼个体出现的概率为________。图中所列基因中，不能与翅外展基因进行自由组合的是__________。

（2）同学乙用焦刚毛白眼雄蝇与野生型（直刚毛红眼）纯合子雌蝇进行杂交（正交），则子代雄蝇中焦刚毛个体出现的概率为____；若进行反交，子代中白眼个体出现的概率为____。

（3）为了验证遗传规律，同学丙让白眼黑檀体雄果蝇与野生型（红眼灰体）纯合子雌果蝇进行杂交得到 F_1，F_1 相互交配得到 F_2。那么，在所得实验结果中，能够验证自由组合定律的 F_1 表现型是______，F_2 表现型及其分离比是______；验证伴性遗传时应分析的相对性状是______，能够验证伴性遗传的

F_2表现型及其分离比是______。

高考遗传类试题主要考查学生的科学思维和科学探究能力，是生物学科选拔考生的重要题型；而以果蝇为题材的遗传规律类试题更是在近几年全国高考生物试卷（Ⅰ和Ⅱ）中高频率出现。本文就以2019年高考Ⅰ卷第32题为例重点阐述以下几个方面，以期对以后高考遗传方面备考有所启示。

（一）试题特点及其创新点

1. 从考查内容和问题设置来看

本题考查知识点较多，涉及到孟德尔遗传规律的实质、适用范畴和应用，还有基因连锁、正反交、伴性遗传等知识点，也是多年来高考的重点考查内容。试题综合性较强，主要考查学生对遗传规律的本质理解和综合应用能力，整体难度适中。

从问题设置来看，第（1）小题第一问要求学生能根据自由组合定律推理计算出F_2代相应表现型概率，考查学生对F_2代表现型比例9∶3∶3∶1的应用程度，难度较低。第（1）小题第二问考查学生自由组合定律的适用范围，非同源染色体上非等位基因才可以自由组合，位于同一条染色体上的基因不能发生自由组合。该小问难度较低，学生回答情况较好。按照SOLO分类理论整体来看，该小题难度不高，达到多点结构水平（M）。

第（2）小题考查正反交方法及应用。针对两对相对性状，分别考查学生对正交和反交方法的应用能力，是否理解正反交的本质和两者关系，并借助正反交解决实际问题。该小题达到了SOLO分类理论的关联结构水平（R），要求将各个知识点连接成一个整体，代表知识点的整合。相对第（1）小题，能力要求略进一步。

第（3）小题以实验验证为考点，题干提供了大量的信息，有利于学生演绎推理，侧重考查学生对伴性遗传（分离定律）和自由组合定律本质区别和联系的理解。达到了 SOLO 分类理论的拓展抽象结构水平（E），代表知识的迁移和拓展，具有一定理论抽象水平。

2. 从素材和背景来看

试题再次以果蝇为素材。果蝇是遗传学实验重要材料，在遗传学发展史上具有举足轻重的地位，目前在各大遗传学实验室、高校和医院等机构仍然应用广泛。另外从地域和学情方面考虑，为了平衡不同省份考生对生物材料的认知水平造成的差异，试题素材选择果蝇体现了高考的公平性。

试题以真实情境为背景来进行设计，图示涉及 3 条非同源染色体及其上的多种基因，基因种类和数目较多，且大多数基因是学生未曾了解过的。同时要求学生根据图示做出相应的分析和判断来解决相关问题，学生只有根据图示来抓住关键信息，正确理解遗传规律的实质才能准确、全面解决问题。可以看出在学生熟悉的素材中，试题背景和呈现形式（具体图示）新颖，具有一定的创新性。

（二）考查核心素养方面的体现

高考试题近年来都是以学科核心素养为导向进行相关命题。该题目主要对生物学核心素养之一的科学思维进行考查，进而体现了对生命观念的考查。科学思维主要包含比较分类、归纳总结、演绎推理、模型建构、批判性思维、创新性思维等，是高考考查的重点。该题目主要涉及比较分类（正交和反交、分离定律和自由组合定律）、演绎推理、模型建构（物理模型、概念模型）等。

（三）解题思路分析

由于该题目考查内容立足教材经典实验：孟德尔豌豆杂交实验和摩尔根果蝇实验。因此解题整体思路要对照教材，类比进行演绎推理。

第（1）小题就是参照孟德尔豌豆杂交实验二相关现象和结论（9∶3∶3∶

1）进行推理，翅外展（dpdp）正常眼（RU_）所占比例为3/16。或者按照分离定律和乘法原则进行做题，翅外展所占比例为1/4，正常眼比例为3/4，两者组合发生概率为3/16。另外一问，不能与翅外展基因自由组合的基因位于翅外展基因所在的同一条染色体上或在同源染色体上，因此答案为紫眼基因。

第（2）小题正反交要求学生能够遵循分离定律写出正反交遗传图解进行推理。焦刚毛白眼雄蝇（$X^{snw}Y$）为隐性纯合子，野生型直刚毛红眼纯合子（$X^{snw}X^{snw}$），进行杂交后，子代雄性全部为直刚毛红眼（$X^{snw}Y$），因此子代雄蝇中焦刚毛个体出现的概率为0；若进行反交，即野生型直刚毛红眼（$X^{s}N^{w}Y$）与焦刚毛白眼雄蝇（$X^{snw}X^{snw}$）进行杂交，子代中白眼个体（$X^{s}N^{w}Y$）出现的概率为1/2。

第（3）小题则要利用自由组合定律和伴性遗传进行解题。白眼黑檀体雄果蝇（$eeX^{w}Y$）与野生型（红眼灰体）纯合子雌果蝇（$EEX^{w}X^{w}$）进行杂交得到的F_1基因型为$EeXWX^{w}$和$EeX^{w}Y$，F_1相互交配得到F_2。验证自由组合定律只需考虑两对相对性状即可，因此F_1的表现型为灰体红眼，F_2表现型及其分离比结合孟德尔豌豆杂交实验二结果即可得出红眼灰体：红眼黑檀体：白眼灰体：白眼黑檀体=9∶3∶3∶1。验证伴性遗传时要考虑在性染色体上的基因即可；因此，分析的相对性状是红眼和白眼，能够验证伴性遗传的F_2表现型及其分离比是红眼雌蝇：红眼雄蝇：白眼雄蝇=2∶1∶1。

（四）教学启示

近年来高考试题依据高校人才选拔要求和国家课程标准，科学设计考试内容，增强基础性、综合性、应用性和创新性，适应经济社会发展对多样化高素质人才的需要。同时高考体现素养导向的趋势，要做好与新课程标准理念的衔接，梳理“必备知识、关键能力、学科素养、核心价值”的层次与关系。今后的高考生物试题，将更加注重理论联系实际，强调学以致用，考查考生在真实情境中分析问题和解决问题的能力。因此在随后的遗传学复习中，希望能做到以下几点：紧扣教材内容，深度学习；突出科学史，重视四大能力；注重知识综合，把握内在联系；结合实验考查，注重探究能力；突出核心概念，重视语言表达。下面主要针对其中两个方面进行阐述。

1. 依托教材，把握科学本质，深度学习

2019 年高考生物试题相对于往年高考试题来看，最大的特点是对紧贴教材内容进行了全方位的考查。教材是教学根本，只有利用好教材，深挖教材内容，抓住科学本质，让学生真正理解和掌握科学方法和原理，才能真正提高学生解决问题的能力。

例如在学习孟德尔杂交实验一的内容时，设置以下问题让学生去思考、去探索：①如果遗传因子不是独立遗传，而是融合遗传，则 F_1 和 F_2 表现型及其比例是怎样的？②如果体细胞中遗传因子不是成对存在（其他假设内容不变），而是含有 3 个遗传因子，F_1 表现型及比例会怎样？如果体细胞含有 4 个遗传因子，则 F_1 表现型怎样？ F_2 表现型及其比例会怎样？③如果形成配子过程中成对的遗传因子不分离，则 F_1 和 F_2 的表现型分别会怎样？④如果雌雄配子结合不是随机的（会是怎样的结合？），只能是相同类型配子结合，或者只能是不同类型配子结合，则 F_2 表现型会怎样？这些问题让学生通过深度思考和学习使其真正理解孟德尔假说的精髓，拓展了学生思维的广度和深度。

2. 科学史上经典实验要重点关注

遗传学史上的经典实验是学生学习科学方法、技能的宝贵资源，经典实验的学习是提升学生科学思维、科学探究能力，树立生命观念的重要途径。学生对教材遗传学史的体会，不能仅停留在科学家探究历程的重现层面，而应进一步上升到学习方法、运用方法和创造方法的层面。

例如遗传物质的发现过程。从 1928 年格里菲思的肺炎链球菌体内转化实验到艾弗里的肺炎链球菌体外转化实验，再到 1952 年赫尔希和蔡斯的 T2 噬菌体侵染大肠杆菌的实验，3 个实验充分展示了科学家证明 DNA 是遗传物质的历程。学生可以从格里菲思那里学习如何发现问题，从艾弗里那里学习如何分析问题和解决问题，从赫尔希和蔡斯那里学习利用新材料和新技术来更巧妙解决问题的方法。通过艾弗里的实验和赫尔希、蔡斯的实验对比，学生可以学习到两者方法、手段看似不同，但是实验关键点都是把研究对象分离出来进行处理，排除其他杂质干扰。这样学生在学习科学史的过程中也加深了对科学方法的认识与体会。

【例 3】（2018 年高考全国 Ⅰ 卷第 32 题）果蝇体细胞有 4 对染色体，其中 2、3、4 号为常染色体，已知控制长翅 / 残翅性状的基因位于 2 号染色体上，控制灰体 / 黑檀体性状的基因位于 3 号染色体上，某小组用一只无眼灰体长翅雌果蝇与一只有眼灰体长翅雄果蝇杂交，杂交子代的表现型及其比例如下：

表 3–3

眼	性别	灰体长翅：灰体残翅：黑檀体长翅：黑檀体残翅
1/2 有眼	1/2 雌	9：3：3：1
	1/2 雄	9：3：3：1
1/2 无眼	1/2 雌	9：3：3：1
	1/2 雄	9：3：3：1

回答下列问题：

（1）根据杂交结果，______（填“能”或“不能”）判断控制果蝇有眼 / 无眼性状的基因是位于 X 染色体上还是常染色体上。若控制有眼 / 无眼性状位于 X 染色体上。根据上述亲本杂交组合和杂交结果判断，显性性状是______，判断依据是______。

（2）若控制有眼 / 无眼性状的基因位于常染色体上，请用上表中杂交子代果蝇为材料，设计一个杂交实验来确定无眼性状的显隐性（要求：写出杂交组合和预期结果）。

（3）若控制有眼/无眼性状的基因位于4号染色体上，用灰体长翅有眼纯合体和黑檀体残翅无眼纯合体果蝇杂交，F_1相互交配后，F_2中雌雄均有______种表现型，其中黑檀体长翅无眼所占比例为3/64时，则说明无眼性状为______（填“显性”或“隐性”）。

（一）试题亮点

1. 背景材料选择有深意，更符合学生认知水平

该题目运用的背景材料是果蝇，果蝇是近年高考遗传学题目高频背景材料。三年来全国 I 卷遗传题目数量基本稳定在一道选择题（6分）和一道非选择题（12分），6道题目中3道题目是以果蝇作为背景材料进行试题设计，体现了近三年高考生物遗传题目在题材选择上的稳定性。

究其原因大致有几个方面：首先，虽然遗传学的发展日新月异，但是经典遗传学实验的地位不可替代。教材中摩尔根的果蝇实验作为经典遗传学实验之一，通过假说—演绎法证明了基因在染色体上，解决了基因的位置问题，促进了遗传学的发展，也为随后的遗传学研究奠定了基础、指明了方向。其次，果蝇作为遗传学实验材料，目前在各大遗传学实验室、高校和医院等机构仍然应用广泛。以果蝇为试题材料尊重了生活事实，体现了果蝇作为遗传学实验材料的重要性。另外从地域和学情方面考虑，为了平衡不同省份考生对生物材料的认知水平造成的差异，体现人文关怀，果蝇是很好的选择。

2. 试题设计考查学生多项关键能力，彰显核心素养

这道题目内容呈现较为传统，例如表格中的表现型比例数据9∶3∶3∶1，相对性状显隐关系的判断和分析，还有杂交实验的设计、分析与表达等，这些都是学生在平时训练中会常遇到的内容。单从考查方面上看就具有了新意，要求学生利用表格来对三对相对性状的数据进行分析，这在以往的题目中非常少

见。学生要能够从表格中排除干扰信息，获取有用信息，化繁为简，准确找到关键信息点，这就要求学生具有较强的理解和获取信息能力。

该题目的三个小问设计巧妙，层次递进。第（1）小题考查知识点是基因的位置和相对性状的显隐性关系。要求学生基于题干信息，能够运用所学知识来演绎推理、准确判断相关结论，并能利用文字归纳、概括和表达自己的观点。第（2）小题是近年来高考典型的实验设计题目，要求学生具有较好的发散思维、创新思维，能够通过信息获取利用所学内容来进行思考分析，进行实验设计并推理出相应预期结果和结论。这类题目一般要求较高，要解决好这类问题，学生要具备知识的迁移运用能力、逻辑推理能力、设计实验的创新能力、全面准确有序的表达能力等。第（3）小题主要考查学生能否运用分离定律和自由组合定律解决实际问题，要求学生具有推理（正推和反推）和相应的计算能力。上述所考查的归纳与概括、演绎与推理、实验设计、结果预测等关键能力都是生物学核心素养，更是科学思维和科学探究的具体表现。

（三）学生答题情况分析及相关建议

1. 学生答题常见错误

通过高考改卷反馈的信息来看，第（1）小题学生出现的错误往往表现在以下两个方面：①答非所问，审题能力、理解能力欠缺。回答“判断依据”应该用实验的“现象结果”来支撑自己的判断，而许多学生答题的重点放在了分析过程。②演绎推理过程有缺陷，专业术语表达严谨性不够。不少学生在描述子代表现型时没有突出“全”“都”“均”等关键信息。答案没有体现子代一种性状有两个性别，或一个性别有两种性状，只是回答其中一个方面。说明学生分析实验结果，运用孟德尔遗传定律解决问题的能力欠缺。

第（2）小题学生主要出现以下典型错误：①不能准确抓住关键信息点进行分析。例如回答判断依据的答案中出现了“灰体”“长翅”等与正确答案无关的词，说明学生思维上不能化繁为简去抓住关键点。②知识迁移能力弱，语言表达不够全面严谨。该小题难度并不是很高，大多数学生知道用“有眼和有眼”或“无眼和无眼”进行杂交来设计实验，但在分析预期结果时出现了较多的问题，不能运用教材分离定律来准确表述预期结果的表现型及其比例，例如“若子代不出现性状分离，则无眼为隐性性状”。而第（3）小题考查学生运用自由组合定律解决实际问题的能力，学生出现错误说明对自由组合定律本质的理解和运用没有很好的掌握，用结果来分析问题的逆向思维较差。

2. 相关教学建议

目前高考试题既要为高校选拔人才服务，也要体现立德树人的思想，还要尊重学生自身认知规律和成长规律，培养学生生物学核心素养。近年遗传类试题总体呈现综合性、应用性和创新性，学生在高考中暴露出的上述能力缺陷，可以更具针对性地去指导平时的教学和备考。

在遗传模块复习教学过程中整体上要坚持以学生为主体，在情境中以问题为导向，让学生在观察、讨论、质疑、探究、反思中学习知识并运用知识解决实际问题。这样学生才能真正掌握知识本质（基本遗传概念和规律），准确领悟、应用科学探究的方法（假说一演绎法等），提升学生科学探究能力和科学思维能力。同时要注重加强培养学生的专业语言表达能力，全面、准确、有序的表达是学生隐性思维显性化，显性思维结构化的过程，能够体现学生对概念、原理、定律的应用程度，是生物学学习的重要目标之一。

二、非传统类遗传规律题目探析

遗传类题目变化多样，如果题目是背景复杂、设问新颖或提供非典型遗传规律数据信息时，学生往往无所适从，不能顺利解决相关问题。那么如何快速有效解决相关题目，这就需要学生能够突破思维惯性，抓住关键信息和科学本质。现举例进行阐述。

【例 1】(2014 年高考全国 Ⅰ 卷第 5 题)图 3–6 为某种单基因常染色体隐性遗传病系谱图(深色代表的个体是该遗传病患者，其余为表现型正常个体)。近亲结婚时该遗传病发病率较高，假定图中第Ⅳ代的两个个体婚配生出一个患该遗传病子代的概率为 1/48，那么，得出此概率值需要的限定条件是 ( )

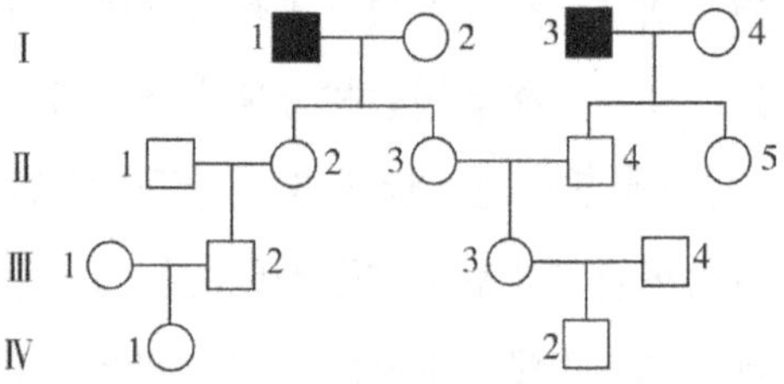

图 3–6

A. Ⅰ－2 和Ⅰ－4 必须是纯合子

B. Ⅱ－1、Ⅲ－1 和Ⅲ－4 必须是纯合子

C. Ⅱ－2、Ⅱ－3、Ⅲ－2 和Ⅲ－3 必须是杂合子

D. Ⅱ－4、Ⅱ－5、Ⅳ－1 和Ⅳ－2 必须是杂合子

解析：针对这道题目，多数同学是按照 4 个选项顺序来进行尝试来判断是否正确，这样做虽然可以最终得出正确答案，但是耗时较长。例如 B 选项推理过程：近亲结婚时该遗传病发病率较高，所以为常染色体隐性遗传病，用 A/a 表示，则Ⅱ－2、Ⅱ－3、Ⅱ－4 都为 Aa，当Ⅱ－1 为纯合子，Ⅲ－2 为 1/2Aa，当Ⅲ－1 为纯合子，Ⅳ－1 为 1/4Aa，当Ⅲ－4 为纯合子，Ⅳ－2 为 $2/3\times1/2=1/3$ Aa，Ⅳ－1 与Ⅳ－2 婚配子代为 $1/4\times1/3\times1/4=1/48$ 与题意符合。

如果学生能够根据题干和遗传系谱图中的关键信息进行逆向推理则可以快速解决问题，第Ⅳ代的两个个体如果后代概率被限定为特定值，则两者父母亲Ⅲ代 1、2、3、4 都需要被限定条件，因此Ⅲ－1 和Ⅲ－4 确定被限定条件，同理Ⅲ－2 如果被限定条件，则其父母亲Ⅱ－1 和Ⅱ－2 也需要被限定条件，这样可以快速准确做出判断 B 项正确。当然利用排除法也是比较快速做出判断的方法，这里不再赘述。

【例 2】(2017 年高考全国Ⅱ卷第 6 题)若某哺乳动物毛色由 3 对位于常染色体上的、独立分配的等位基因决定，其中：A 基因编码的酶可使黄色素转化为褐色素；B 基因编码的酶可使该褐色素转化为黑色素；D 基因的表达产物能完全抑制 A 基因的表达；相应的隐性等位基因 a、b、d 的表达产物没有上述功能。若用两个纯合黄色品种的动物作为亲本进行杂交，F_1 均为黄色，F_2 中毛色表现型出现了黄：褐：黑 =52 ：3 ：9 的数量比，则杂交亲本的组合是（　　）

A. AABBDD × aaBBdd，或 AAbbDD × aabbdd

B. aaBBDD × aabbdd，或 AAbbDD × aaBBDD

C. aabbDD × aabbdd，或 AAbbDD × aabbdd

D. AAbbDD × aaBBdd，或 AABBDD × aabbdd

解析：这类题目背景复杂，题干信息冗长，许多同学看到这类题目就有些胆怯，无所适从，于是放弃。也有同学耐心读完题目还是按照传统方法按选项顺序去尝试验证，这样费时费力。如果学生抓住遗传规律的本质，能够在复杂的背景中提炼出关键的信息点，这道题目就会迎刃而解。学生能够从 3 对独立遗传基因 F_2 后代出现表现型黄、褐、黑，数量比 52 ：3 ：9 之和为 64，根据孟德尔自由组合定律则可以逆推 F_1 基因型必为 AaBbDd，这样可以快速判断出 D 选项为正确答案。

【例 3】玉米的长果穗（A）与短果穗（a）为一对相对性状，黄粒（B）和白粒（b）是一对相对性状，两对性状独立遗传。现有两株玉米杂交得到 F_1，F_1 自交得到 F_2，F_2 的表现型及比例是长果穗黄粒 : 短果穗黄粒：长果穗白粒：短果穗白粒 =9 : 15 : 15 : 25。请回答下列相关问题：

（1）两株玉米进行杂交，对母本进行的处理是__________（用文字和箭头表示）。

（2）亲本玉米的基因型为______。理论上 F_1 全部个体产生的配子种类及比例为________。

（3）若纯合黄粒玉米和白粒玉米间行种植，请简述两种玉米后代的表现型：__________。

解析：这道题目很多学生对第（2）小题第一空没能很好地解决，也造成后面一空不能解决。通过学生反馈来看主要是不能从 F_2 的表现型及比例 9∶15∶15∶25 数据里面分析相关的结论，对孟德尔遗传规律不能深刻理解并灵活运用。

其实解决该问题有两种方法：一是通过 F_2 表现型及其比例可以看出无论是果穗还是颜色都是隐性性状多于显性性状，以果穗性状为例可以推出 F_1 基因型应该是 Aa 和 aa，设 Aa 所占比例为 X，则 aa 的比例为 1–X，自交后代比例为 3∶5，可以计算出 X 为 1/2，即 F_1 基因型 Aa 和 aa 的比值为 1∶1，可以再推出亲本应该是 Aa 和 aa 的测交类型。同理黄粒和白粒这对相对性状的亲本基因型也应该是 Bb 和 bb。因此亲本玉米基因型为 AaBb、aabb 或者是 Aabb、aaBb。另外一种方法更为简便，由于亲本只有两株，且后代有显性和隐性性状。以果穗相对性状为例，其亲本基因一定有 A 和 a 基因，其亲本只有四种杂交组合：Aa × Aa、AA × Aa、Aa × aa、AA × aa，但是只有 Aa × aa 组合后代 F_2 表现型隐性性状才多于显性性状。同理另外一对基因杂交组合为 Bb × bb，两对基因组合即可得出答案。这道题目要求学生对遗传规律本质有清晰的认识，同时逻辑推理能力要求较高，对高考要求的理解能力、获取信息能力和综合运用能力进行了很好的考查。

从上面的题目可以看出，如果同学们不能对科学本质有深刻、准确、全面的理解，不能从复杂、真实的情境中分析出关键要点并合理运用，只是按照教师或者自己总结的方法或套路来解决问题，目前来看是不能达到高考相应能力要求和生物学核心素养要求。因此，在复习中，同学们要有意识通过此类题目突破固定思维，培养创新思维。

第五节　基于劳动教育的高考试题评析

2020年3月，中共中央、国务院发布《关于全面加强新时代大中小学劳动教育的意见》指出，要把劳动教育纳入人才培养全过程，贯通大中小学各学段，贯穿家庭、学校、社会各方面，与德育、智育、体育、美育相融合，其中，学校要发挥在劳动教育中的主导作用。可以看出，开展劳动教育符合党和国家的教育方针，是时代发展所必需的。生物学教学内容与劳动教育内容息息相关，将生物学教学和劳动教育相融合有助于提升学生的核心素养，展现学生优秀的劳动精神面貌、积极的劳动价值取向和高效的劳动技能水平。

一、高考原题赏析

【例】(2020年全国I卷第30题) 农业生产中的一些栽培措施可以影响作物的生理活动，促进作物的生长发育，达到增加产量等目的。回答下列问题：

(1) 中耕是指作物生长期中，在植株之间去除杂草并进行松土的一项栽培措施，该栽培措施对作物的作用有________________(答出2点即可)。

(2) 农田施肥的同时，往往需要适当浇水，此时浇水的原因是________________(答出1点即可)。

(3) 农业生产常采用间作(同一生长期内，在同一块农田上间隔种植两种作物)的方法提高农田的光能利用率。现有4种作物，在正常条件下生长能达到的株高和光饱和点(光合速率达到最大时所需的光照强度)见下表。从提高光能利用率的角度考虑，最适合进行间作的两种作物是________________，选择这两种作物的理由是________________。

表 3–4

作物	A	B	C	D
株高 /cm	170	65	59	165
光饱和点 / (μmol · m–2 · s–1)	1200	1180	560	623

参考答案:（1）减少杂草对水分、矿质元素和光的竞争；增加土壤氧气含量，促进根系的呼吸作用

（2）肥料中的矿质元素只有溶解在水中才能被作物根系吸收

（3）A 和 C　作物 A 光饱和点高且长得高，可以利用上层光照进行光合作用；作物 C 光饱和点低且长得矮，与作物 A 间作后，能利用下层的弱光进行光合作用

二、试题呈现劳动教育内容的分析

试题以农业生产中如何增加产量为背景，通过中耕除草和松土、施肥浇水和间作等具体措施展开设问，综合考查人教版《生物 · 必修 1 · 分子与细胞》和《生物 · 必修 3 · 稳态与环境》中光合作用和呼吸作用的综合运用以及生态系统能量流动的意义。可以看出，该试题以农业生产遇到的实际问题为依托，充分体现了劳动教育内容与高考试题的有机结合。

（一）试题以劳动教育内容为依托考查核心素养

试题第 1 问通过考查中耕除草、松土的作用推测，检测学生是否建立物质与能量观和普遍联系的观点；试题第 2 问通过考查农田施肥往往要浇水的原因分析，检测学生是否养成对问题进行推理，并做出合理判断的能力；试题第 3 问通过考查农业生产中间作的两种植物的选择及理由阐述，检测学生是否能将植物的光合作用、生态系统能量流动等原理在生产、生活中应用，养成关注社

会的责任意识。高中生劳动不以生存为目的，而是以提升综合素养为指向，该试题充分考查了学生的生命观念、科学思维、科学探究和社会责任四个方面的生物学核心素养。

（二）试题将脑力劳动和体力劳动有机整合

创造价值的劳动始终都是劳动者的脑力和体力的统一，即包括脑力劳动和体力劳动。当前，劳动教育在学校中被弱化，中小学生劳动机会减少、劳动意识缺乏，出现了一些学生轻视劳动、不会劳动、不珍惜劳动成果的现象。该试题通过中耕除草和松土、施肥浇水和间作等具体的劳动形式的考查，很好地检测了学生在平时学习过程中是否有积极参与体力劳动，而不只是局限在题海里刷题；同时，该试题能够很好地体现学生是否能将农业生产中的具体劳动和所学的知识有机整合，提升学生对于劳动教育内容丰富性的认识，该试题着重考查的是学生的知识教育与劳动教育是否融会贯通，教材理论教育与社会实践教育是否有机结合，充分说明了脑力劳动和体力劳动都是劳动教育的重要组成，两者皆不可偏废。

（三）试题有助于培养学生正确的劳动态度和价值观

劳动教育不是简单的体力锻炼，更是一种正确劳动价值观的积极引导。我们不能狭隘地把劳动教育等同于如打扫教室卫生、擦黑板等体力劳动，要认识到劳动教育不仅要学生动手，还要动脑，更要有热爱劳动、积极劳动的态度和价值观。树立劳动意识、端正劳动态度和培育劳动习惯是全面实现人才培养目标的重要途径之一。在生物学教学中，找准劳动和教育的结合点对于培养正确的劳动态度和价值观具有重要意义。该试题将农业生产中如何有效提高产量的实际问题与生物学相关内容有机结合，有助于引导学生在平时的学习生活中热爱劳动、积极劳动，养成正确的劳动态度和价值观。

三、教学策略及相关建议

其实，2020 年全国 I 卷高考生物试题除了第 30 题外，第 2 题、第 32 题和第 37 题也是劳动教育内容与生物学高考试题相融合的实例，第 2 题的种子贮藏问题、第 32 题的遗传学理论用于指导农业生产实践以及第 37 题的筛选某种降解污染物的细菌来减少环境污染，是劳动教育内容的充分体现，这些内容与学生的日常生活密不可分。如果学生在平时不参与社会实践和调查，不留心观察生活细节，那么在作答这些试题时，可能更难以理解题目的背景和含义，导致答题方向出错而失分。这提醒我们在生物学教学过程中，要注重与劳动教育的融合，提升学生的劳动意识，养成正确的劳动态度和价值观。

（一）注重科学史教学，引导学生了解劳动的艰辛与感动

人教版高中生物学必修和选修教材中，涉及的科学家达五十多位，他们各自在物理、化学、生物学等学科领域有着卓越的研究成果。通过生物学科学史教学，有利于学生树立唯物史观下的生命观念，理性看待生物与社会、生物与环境的关系，在历史长河中对自身有明确的定位，能够担负起应负的社会责任。

例如，在“DNA 分子结构的探索历程”的教学中，沃森和克里克提出双螺旋结构模型的科学史涉及多学科多技术的结合，是在多位物理、化学和生物学专家的前仆后继的研究下才有的结果，沃森和克里克能够将前人的研究成果整理起来并综合应用，解决了 DNA 的分子结构之谜，为分子生物学的深入研究奠定了坚实的基础，这对人类自身的认识和对万事万物的研究都是不可或缺的。在教学过程中，要深入理解科学家的研究背景和实验条件，引导学生了解科学探究过程的艰辛以及取得突破性研究成果后的低调和无私。

（二）开展实验探究，引导学生参与劳动，体悟劳动

生物学是一门以实验为基础的学科，在培养学生科学思维、科学探究方面

存在着天然的土壤环境，高中生物学很多规律、方法和原理都是通过许多科学家坚持不懈的探索换来的，开展生物学实验探究，引导学生参与实验过程，动手动脑，对学生科学思维、科学探究等核心素养的培养可以起到促进作用。

例如，在“用样方法调查草地中某种双子叶植物的种群密度”的探究实验过程中，教师要给学生创造劳动机会，让学生拿起卷尺、锄头等工具，到户外去实地取样调查，让学生充分参与进来。这样开展的实验探究，能够加深学生对样方法的理解，让学生体会到实验探究过程的复杂和辛苦，有利于帮助学生建立正确的劳动态度和价值观。

（三）注重理论与实践相结合，引导学生思考劳动的价值

用劳动精神去培育和发展学生，用社会实践去引导学生，提升学生对于劳动价值的思考，最终自觉做到知行合一。生物学是一门与日常生活联系密切的自然学科，生物学的理论大部分都是在实践探索过程中总结出来的，在生物学教学过程中，要注重理论与实践相结合，多从科学探究的过程、背景、人物等入手，引导学生思考生物学理论的形成过程，思考劳动创造的价值。

例如，遗传学是高中生物学教学中非常重要的一部分，也是学生学习的难点之一。如果能够在学生刚开始接触遗传学内容的时候，帮助学生提升学习兴趣，理性看待遗传相关的内容，对于接下来的教学大有裨益。在刚开始讲解遗传学内容时，花时间总结孟德尔的一生，注重介绍孟德尔求学经历、研究方法、锲而不舍的科学精神以及默默无闻潜心研究生物遗传规律的用心，通过遗传学相关理论与发现理论过程中的实践相结合，提升学生对遗传学研究的兴趣，对于接下来遗传学教学的展开起到很好地促进作用。

总之，生物学教学过程中，注重与劳动教育相融合，不仅能够使学生更好地掌握生物学相关知识，而且能培养学生发现问题、提出问题、分析问题、解决问题的能力，树立正确的劳动态度和价值观。尤其是在新高考背景下，对于

学生核心素养的培养和内化学习，劳动教育的很多内容与之都十分契合。教师在生物学教学中要创造机会，多与劳动教育相融合，促进学生多思考、多讨论，这样对于学生科学思维的培养、科学探究方法的掌握、锲而不舍科研精神的认同以及唯物史观的生命观念的树立都有积极的作用。

第四章
原创试题命制的命题原则和过程

第一节 基本原则

原创试题的命制要求教师对生物学课程标准和高考评价体系有着深刻的领悟，对教材教学内容特别是重难点有着清晰的认识，对学生的基础状况、认知规律和素养发展要求有着精准的把控。同时要求教师平时要多关注生物学科发展前沿，注重素材积累，并对试题的情境设置、命题意图、问题设计和答案制定等有着全面和深入的思考。可见原创试题的命制是教师专业发展和成长的重要途径，是新教育改革形势下教师必备的专业技能之一。但是笔者也发现有些原创试题没有依据生物学事实而凭空设计出来，有些原创试题存在缺乏创新性、没有区分度等一些问题。那么如何命制出高质量的原创试题，笔者结合相关课题研究和参与省、市各级命题的一些感悟，来谈一谈原创试题命制应遵循的基本原则。

一、科学性

原创试题的科学性包括三个方面。一是素材和试题情境都是真实发生的，是现实生活、生产和实践等具体的实例，绝对不能是凭空想象、随意编制的虚假情境。二是试题的描述要信息准确，无歧义。设计的问题不偏不怪，指向明确，与题目信息和教材内容有着一定的联系，使学生在答题过程有理可依、有据可查。三是非选择题的答案设计要科学合理，能够有效衡量学生思维水平和表达能力的不同层级。

二、创新性

原创试题重在创新。不仅试题的素材情境有新意，而且问题设计、考查形式等方面也要有一定的创意。原创试题创新性还要体现在能够促使学生在新颖的情境中主动思考，能够运用发散思维、逆向思维、批判性思维、系统性思维等思维方式，创造性地解决生活、生产实践及科学探究中的实际问题。值得注意的是试题的创新性要基于学生的思维发展水平来设计，不能刻意求新而脱离了试题考查的目的和本质。

三、导向性

原创试题的导向性主要体现在三个层次。一是通过原创试题考查的知识体系和能力要求来引导教学，促使教师关注教学重难点，着重培养学生关键能力和学科素养。二是通过试题测试反馈来引导完善教学，原创试题测试结果分析可以查找学生在知识、能力和素养方面的不足之处，教师可以在后续教学中针对性加强。三是通过原创试题来引导学生德智体美劳全面发展。例如通过特定的情境引导学生对传统文化的认同和热爱，激发学生爱国主义情怀，帮助学生树立正确的理想信念，等等。

四、层次性

试题的功能之一是选拔，如何有效区分不同能力和素养水平的学生就需要原创试题具有良好的层次性。无论是各题目之间、选择题的各选项之间，还是非选择题的各小题之间，都要考虑不同水平学生的实际情况，从而设置不同的难度。特别是非选择题各小题要有合适的难度梯度，先易后难，层层递进。

另外原创试题还要考虑课程标准和高考评价体系等相关要求来进行设计，并与教材紧密联系，使试题具有更好的代表性和针对性。有的原创试题的命制过程要考虑情境与当前科技发展、时政相结合，让试题具有时代性。

第二节　基于基本原则的命制实例分析

【例 1】防控病毒的四大措施是保持社交距离、佩戴口罩、核酸检测和接种疫苗。下列相关叙述错误的是（　　）

A. 病毒可以通过飞沫、直接接触等传染，日常工作生活应少聚集

B. 病毒能够在空气中大量增殖，佩戴口罩可以有效预防感染病毒

C. 病毒核酸检测准确率高是由于病毒的遗传物质具有特异性

D. 接种疫苗后机体产生相应的抗体和记忆细胞，增强对新冠病毒的抵抗力

【参考答案】B

评析：该题目以疫情防控的真实情境进行设计。知识层面涉及病毒的繁殖、遗传物质特异性、免疫调节等相关知识。能力方面主要考查学生在真实情境下通过分析推理、归纳概括来解释生命现象等方面的能力。素养方面培养学生科学思维，引导学生为自己、他人以及社会做好个人防护措施，树立社会责任。该题目在遵循原创试题的科学性、导向性、创新性、时代性等方面具有较好的体现。

【例 2】临床发现柴胡疏肝散对抑郁症存在的体重减轻、食欲下降、睡眠障碍等症状治疗效果良好。研究发现，抑郁症患者存在下丘脑—垂体—肾上腺皮质轴（HPA 轴）功能亢进的生理变化，其致病机理如图 4-1。

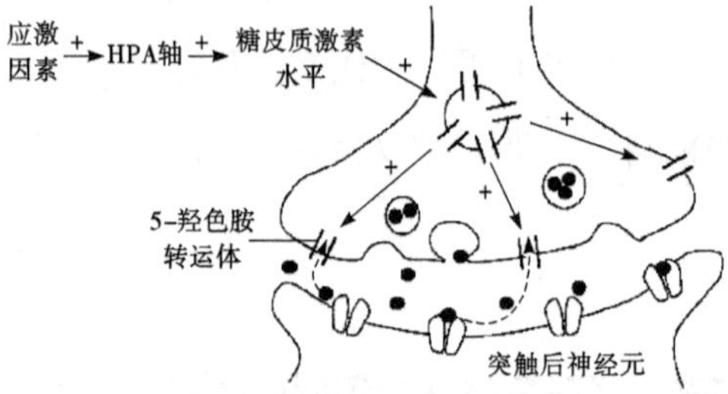

图 4-1　HPA 轴功能亢进引发的部分代谢变化

注：5- 羟色胺是一种可使人产生愉悦情绪的兴奋性神经递质

（1）研究表明，抑郁症患者血浆中的糖皮质激素浓度明显增高，据图可知，高浓度糖皮质激素会促使________的数量增多，请据此解释抑郁症患者出现长时间情绪低落这一症状的原因：________________________。

（2）科研小组采用慢性应激法来造成大鼠 HPA 轴功能紊乱模型（即抑郁症模型），探索柴胡疏肝散治疗抑郁症的作用机理。

实验过程：将 45 只生长状况相同的健康大鼠随机分为甲、乙、丙三组，甲、乙组给予连续 21 天的慢性应激刺激进行造模。每日先进行应激刺激，然后灌胃，甲组灌服柴胡疏肝散药剂，乙组灌服等体积生理盐水，21 天后检测相关指标。

实验结果见表 4-1：

表 4-1　各组大鼠下丘脑 CRH 达标量、血浆 ACTH 含量、血清 CORT 含量

组别	n	CRH（OD·μm^{-2}）	ACTH（ng/ml）	CORT（ng/ml）
甲组	15	34.29	29.19	10.20
乙组	15	45.85	44.30	13.95
丙组	15	23.93	22.34	8.64

注：CRH- 促肾上腺皮质激素释放激素；ACTH- 促肾上腺皮质激素；CORT- 糖皮质激素

实验分析与讨论：

①本实验中，丙组作为______组，应进行的处理是______________。

②与乙组对比，甲组的实验数据说明，柴胡疏肝散治疗抑郁症的机理可能是通过____________________，从而发挥对抑郁症的治疗作用。

③为评价柴胡疏肝散的治疗效果，除检测以上指标以外，还应比较的指标有______________。

【参考答案】（1）5-羟色胺转运体　5-羟色胺转运体增多会使5-羟色胺的回收增多，导致突触间隙的5-羟色胺浓度降低，突触后神经元的兴奋性减弱，从而使患者出现长时间情绪低落的症状

（2）①空白对照　不接受应激刺激，每天给予相同剂量的生理盐水灌胃。②减少下丘脑中CRH的合成和分泌，通过分级调节进而降低血浆ACTH和血清CORT含量。③各组大鼠的体重变化、食欲变化、睡眠障碍等情况。

评析：该题目素材和情境设计主要来自学生不常见的科研论文，其实验数据可靠有效，具有科学性和新颖性。考查内容涉及神经调节、激素调节、实验设计和分析等相关内容。能力方面主要考查学生获取信息、综合运用知识和信息来解决实际问题的能力，具有针对性。素养方面主要发展学生科学思维和科学探究，培养学生信息观、结构功能观等生命观念；同时引导学生关注传统中医药，培养学生对传统医药文化的热爱和民族自豪感，具有导向性。题目整体难度适中，小题间有合理的难度梯度来测试学生能力和素养水平，具有层次性。

第三节　原创试题命制过程

在《普通高中生物学课程标准（2017版）》提出“学业水平促发展”，重视以评价促进学生的学习和发展。学业水平评价方式多样，主要通过习题测试来实现，命制出能够真实测量学生学业水平、帮助学生自我完善、促进学生核

心素养发展的高质量试题，是教师教学和专业发展中值得深入研究的一个方向。高质量的试题离不开任务情境，让学生解决真实情境下的问题可以激发学生思考兴趣和探究欲，训练学生思维、提高知识迁移运用能力，培养学生科学精神和提升学生社会责任意识。

李吉林是我国著名教育家，是情境教学的先驱。李吉林认为“情境教学”取“情境”而不取“情景”，其原因就在于“情境”要具有一定的深度与广度。可以把学生带入作者创作时所处的或知识产生的情境之中，使创设的情境意境广远，同时也为学生拓展了广阔的思维空间。从内涵看，情境与情景，前者宏观，后者微观；前者包容量较大，内涵更丰富，常常处于动态，具有过程性。就命题素材来源看，后者一般是问题的现实生活素材，而前者除了可以来自生活实践外，也可以来源于生物学探究中引发的新的情境，即问题的情境并不局限于现实生活素材。一个好的问题情境，应该是有鲜明的目标指向，能让学生有“身临其境”感，让学生具有解决问题的内驱力。

一、以“境”命题的过程

命制原创试题大致包含四个过程：明确试题考查立意；寻找素材、创设题干情境承载立意；设置问题情境体现立意；编制答案实现立意。下面就以具体题目为例来说明利用真实情境命制原创试题的一般过程。

【例】木质素广泛存在于植物细胞壁，是自然界含量仅次于纤维素的有机化合物。利用微生物降解木质素对于造纸工业废水处理、生产乙醇燃料具有重要意义。科研人员开展相关研究，从秸秆堆积处地表下筛选出高效分解木质素微生物，初筛培养基成分见表 4–2。回答以下问题：

表 4–2

成分	碱木质素	硝酸铵	硫酸镁	磷酸二氢钾	磷酸二氢钠	琼脂	蒸馏水
含量	2.0g	1.33g	0.5g	1.0g	0.2g	20g	1000ml

（1）该培养基提供氮源的是________。该培养基从功能上来看属于________培养基，其依据是______________。

（2）该培养基的灭菌方法是________。为进一步分离纯化，在含有愈创木酚的鉴别培养基上进行接种的方法是___________。

（3）该类微生物会产生分解木质素的漆酶，利用凝胶色谱可以提纯该酶，其原理是________。

（4）科学研究发现 Cu^{2+} 对漆酶活性有影响，请设计实验探究漆酶的最适 Cu^{2+} 浓度。（请写出实验思路）

【参考答案】（1）硝酸铵　选择　碱木质素为唯一碳源，只有能够分解碱木质素的微生物才能在培养基上生长

（2）高压蒸汽灭菌法　稀释涂布平板法

（3）根据相对分子质量大小分离蛋白质

（4）配制具有相同梯度、不同质量浓度的 Cu^{2+} 溶液处理漆酶，测试漆酶活性，活性最高即为最适 Cu^{2+} 浓度。

（一）明确试题考查立意

每道题目都有其考查的目的，命制试题要参考课程标准明确其立意。首先确定考查范围，然后确定试题考查的能力要求，再根据考查功能和考查对象等确定测试水平等级和难度。

例题参照高考试卷选做题，内容选择考查的范围是老人教版选修一《生物技术实践》模块核心内容，即微生物的培养和应用与蛋白质的分离和纯化。能力方面主要考查新高考生物学科能力要求的三个方面：理解能力、实验探究能力和解决问题能力，而考查学业质量水平预设为三级，即解决相对复杂的情境问题，涉及大概念和研究方法等。考查对象设为全市高三学生，通过该题目测试学生对该模块的掌握情况和能力水平，难度系数预设为 0.55，以符合以往高

考全市考生的得分状况。

（二）创设题干情境承载立意

创设情境首先要有素材，素材来源广泛，可以是国内外高校教材、科研论文、社会热点等。基于《生物技术实践》模块特点，例题选用了科研论文。相比其他素材，科研论文的科学性、前沿性、真实性和严谨性在作为试题素材方面具有独特优势。通过数据库的查找和筛选，确定与该模块内容契合度高的论文，然后对论文内容进行信息的选取和处理，例如数据表格化、图形转换等。最后对题干进行整体设计来创设试题情境承载命题立意，语言要精炼、无歧义并无科学性错误，最好是对学生提供做题信息、考查能力的同时进行价值引领。

例题就是主要根据科研论文《高效木质素降解菌的筛选及产漆酶条件的研究》进行了相关的信息处理，根据试题难度系数将培养基成分及用量进行了表格化处理，对木质素等背景信息进行了提炼呈现，并进行了保护环境、利用生物技术变废为宝的价值引领。

（三）设置问题情境体现立意

问题情境的设计是原创试题的核心，很大程度上决定了试题质量的高低。设计的问题既要考虑知识、能力和生物学核心素养方面的要求，还要考虑各问题考查点之间的联系、层次性和思维梯度。

首先根据考查立意，列出要考查的知识点和关键能力。例题想考查的知识为培养基的成分、选择培养基的原理、灭菌技术、微生物的筛选以及蛋白质的分离纯化。能力方面考查学生理解能力、实验探究能力、解决问题能力（获取信息能力和综合运用知识能力），以及利用专业术语表达的能力。在此基础上进行问题的设计，例题考查的知识点具有逻辑上的递进关系（图 4–2），考查能力方面也有一定的难度梯度。对于问题的设计开始可以进行仿高考题目来进行，具有一定的命题经验后再提高设问的创新性。

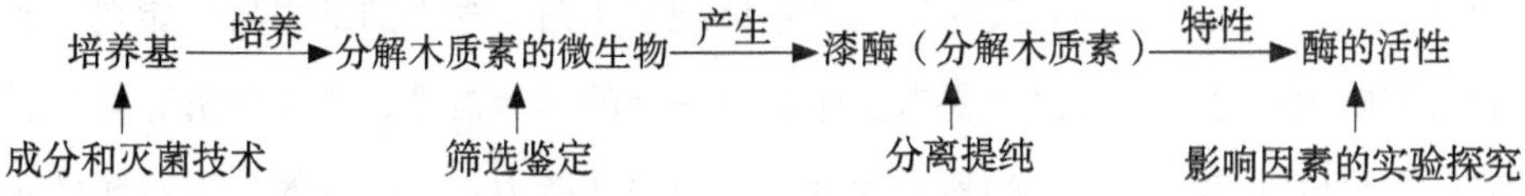

图 4–2 例题考查知识内容及逻辑关系

（四）编制答案实现立意

依据问题编制参考答案要求表达科学严谨，特别是原因分析、实验设计、结论性问题的答案要语言精炼、总结性高，同时赋予的分值要合理，能够准确衡量学生学业水平。例题对于基础性问题例如培养基成分、灭菌技术等赋予分值较低，而对于能够较好考查学生理解能力、实验探究能力等关键能力的问题赋予分值较高。

二、试题打磨、应用完善与评价

初步命制出试题后还需要进行打磨和反馈完善等过程（图 4–3）。例如在考查内容、考查形式、设问方式、文字表述等方面继续咬文嚼字、精益求精，随后召集教师和学生小范围对试题进行试做，并根据做题情况来反馈试题质量。依据反馈信息对试题进一步地修正和完善，才能大范围用于测试和练习。命制出的精品试题也要有推广意识，编制成精品试卷或者试题书籍用于更大范围的应用，或者通过报告和论文发表进行推广。

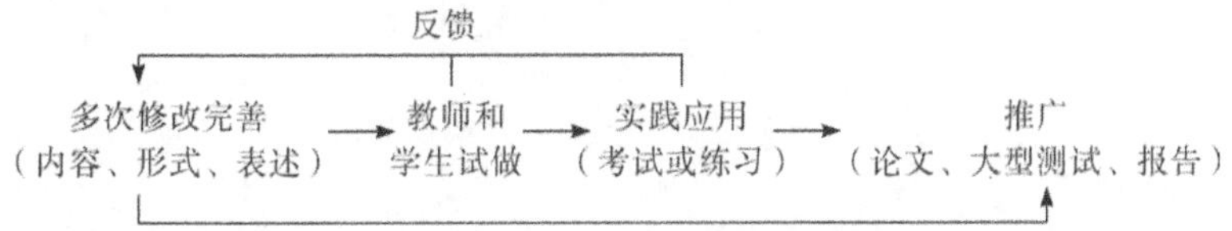

图 4–3 试题打磨完善和推广流程

试题命制后还要进行相关评价，其评价方式多样，可以基于核心素养的评价、SOLO 分类评价、教育测量评价等方式。考虑高中生物教学实际，下面就从生物学核心素养方面对例题进行相应的评价。该题目围绕微生物的利用进行设计，对木质素分解及其作用的介绍体现了生命观念中的结构与功能观、能量与物质观；题目问题设计要求学生具有一定的演绎推理、类比分析等科学思维；实验设计考查了学生的科学探究和专业表达能力；木质素的分解对环境保护和废弃物再利用的呈现有利于学生树立可持续发展的社会责任意识。

第五章

高中生物原创试题案例

第一节　基于不同素材的原创试题命制案例

【案例 1】基于科技论文进行高三生物学原创试题的命制

题材新颖、紧扣考点、巧妙设问、开拓思维的原创，试题既可以让学生在枯燥的高三考试中感觉到一丝清新气息，激发学生思维；还可以帮助教师诊断教学效果，完善教学方法。素材是试题原创的起点，没有科学新颖的素材，就没有严谨富有创意的原创试题。生物学科是一门以实验为基础的学科，也是一门发展迅速、应用广泛的学科。因此有命题价值的生物学素材主要体现在三个方面：一是紧贴时代发展，具有一定前瞻性；二是与 STSE 紧密联系，具有适切性；三是实验科学严谨，具有代表性和一定独创性。下面以科技论文为素材入手来尝试对高三生物原创试题进行命制。

【例 1】龙眼主产于我国华南地区，酸雨对龙眼危害日益严重。有研究发现，酸雨对龙眼叶绿体的光合作用有较大影响。根据下表 5-1 回答相关问题：

表 5-1　酸雨胁迫对龙眼叶片光合色素含量及组成的影响

处理	chl a（ug/cm^2）		chl b（ug/cm^2）		chl a/chlb		car（ug/cm^2）	
	暗	光	暗	光	暗	光	暗	光
pH5.5	29.71	26.59	11.79	10.65	2.52	2.50	7.35	6.48
pH4.5	27.44	26.02	10.91	10.65	2.52	2.44	6.86	6.45
pH4.0	27.13	25.81	10.89	10.64	2.49	2.43	6.84	6.34
pH3.5	26.45	25.39	10.64	10.64	2.49	2.39	6.82	6.38
pH3.0	25.26	24.44	10.54	10.55	2.40	2.32	6.62	6.19
pH2.5	23.80	22.93	10.39	10.43	2.29	2.20	6.46	6.00

注：叶绿素 a（chl a）、叶绿素 b（chl b）、类胡萝卜素（car）

（1）为了提取龙眼叶片中的叶绿素，在研钵中除加入剪碎的叶片外，还应加入______。

（2）该实验自变量有________；从对照角度来看，该实验缺陷为______。

（3）据表分析 pH 小于____时 chl a 含量开始显著下降，chl a 相对于 chl b 对酸雨______（敏感 / 不敏感）。

（4）相同 pH 下______条件使 chl a 和 car 含量下降更明显，说明________。

（5）据上表请绘出 chl a 和 chl b 光照条件下与 pH 关系的二维曲线图

评析：本题是以邱栋梁[9]等人的研究论文为素材进行加工原创出来的，以龙眼为背景的素材极具岭南特色，紧贴学生生活，酸雨与社会生产和环境密切相关。从考查知识面上来看，本题主要考查光合作用影响因素的相关内容，着重考查学生相关实验基本原理和操作、分析数据（纵向和横向对比）得出结论、信息获取和图形转换等方面的能力。设计的试题具有一定的难度，但也具有一定的梯度，对学生要求相对较高，具有较好的选拔功能。

【例 2】登革热是由登革病毒（图 5-1）引起的急性传染病，主要通过白纹伊蚊等媒介昆虫传播。我国于 1978 年在广东佛山首次发现该病例，佛山为登革热高发地区（图 5-2）。登革病毒在宿主细胞酶的作用下释放出遗传物质，编码相应的蛋白质进行自我复制繁殖。据图回答相关问题：

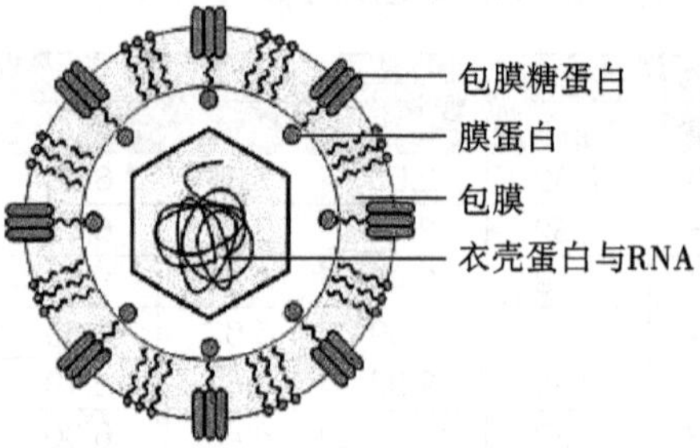

图 5-1 登革病毒结构图

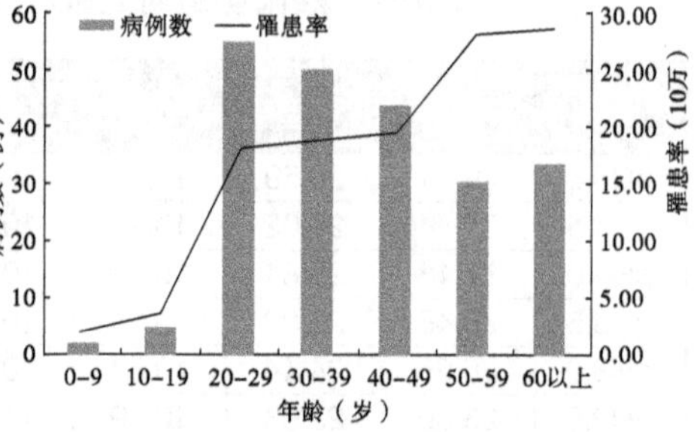

图 5-2 2021 年佛山市禅城区登革热病例年龄分布及罹患率的关系

（1）利用箭头和文字写出登革病毒在宿主单核巨噬细胞中遗传信息的流向：______________。

（2）登革病毒易发生变异，从该病毒遗传物质结构特点分析其原因：______________。

（3）当登革病毒侵染人体后，机体首先攻击病毒的免疫细胞是______，该细胞识别抗原需要其表面的________。B细胞受到登革病毒抗原刺激增殖分化为________，参与体液免疫过程。

（4）确诊是否患有登革热，其中一种方法是借助于单克隆抗体，制备登革病毒的单克隆抗体必须借助于动物细胞工程中的____________技术。

（5）依据图5–2年龄和患病人数、罹患率的关系分析可得出相关结论：

①__________________________。②__________________________。

评析：广东每年的7–10月份为登革热高发期，在2014年该病发病率达到历史新高，并出现死亡病例。[10] 本题很好地体现了本地素材与社会热点的有机结合。借助陈凤灵等人的研究论文设计了本题。题目考查面较大，主要考点涉及有病毒的遗传和变异、人体稳态和生物工程技术三方面相关内容，但试题整体难度不高，重点考查学生对基本知识、核心考点（中心法则和体液免疫）的理解和应用，以及考查了学生对图形分析的能力、表达的能力。

【例3】蚕豆病和苯丙酮尿症属于广东省新生儿遗传病筛查项目。蚕豆病（由A和a基因控制）是一种6–磷酸葡萄糖脱氢酶缺乏所导致的疾病，在诱发因素作用下会出现溶血现象。苯丙酮尿症（由B和b基因控制）是由于苯丙氨酸代谢途径中的酶缺陷不能转变为酪氨酸引起的一种疾病，会造成婴儿神经系统损害。引起两种病的基因不在同源染色体上，依据图5–3回答相关问题（Ⅰ–1不携带蚕豆病致病基因）：

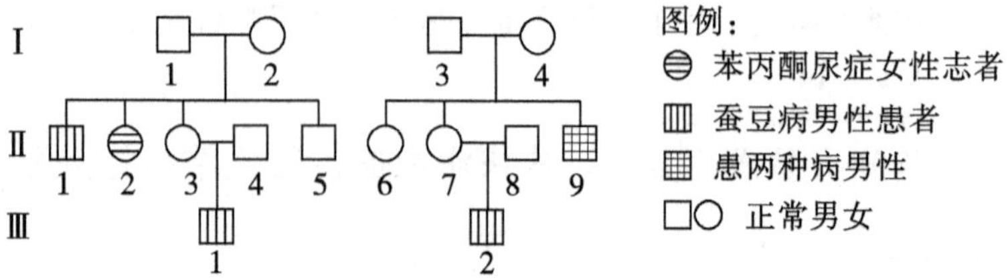

图 5-3

（1）苯丙酮尿症的遗传方式为____________，蚕豆病的遗传方式为____________。

（2）Ⅰ－2 的基因型为__________；Ⅱ－5 的基因型为____________。

如果Ⅱ－5 与Ⅱ－6 结婚，则所生男孩只患一种遗传病的概率为____________。

（3）若人群中患苯丙酮尿症的概率为 1/10 000，则Ⅱ -7 与表现型正常的男性结婚，其后代同时患两种病的概率为____________。

（4）通过蚕豆病致病机理可以看出基因可以通过什么方式控制性状：____________。

（5）经研究发现，蚕豆病是由于基因突变引起的，而且发现多个位点突变都会引发相关疾病，这体现了基因突变具有__________的特点。

评析：蚕豆病和苯丙酮尿症两种遗传病在广东省的发病率很高，是学生比较熟悉的疾病。本题就是以此为背景结合杜传书[11]等的科研论文进行命制的。本题目属于典型的高考试题类型，设问比较传统，重点考查学生对遗传规律、伴性遗传和遗传平衡定律的理解和应用，并延伸考查学生对基因突变特点和基因控制生物性状的方式的理解。该题目要求学生具有较高的理解、推理、计算、表达能力，学生失分点较多。

【例 4】红树林是生长在热带、亚热带沿海潮间带的木本植物群落的总称，具有净化海洋水质和土壤环境吸附重金属等功能。我国从国外引种的速生红树林，例如无瓣海桑对沿海地区立体生态系统的恢复具有重要意义。以珠海淇澳岛红树林为对象进行研究获得以下数据，回答相关问题：

表 2 3 种红树林群落表层土壤中 5 种元素的储存

项目	储存（μm·g⁻¹）				
	Cu	Hg	As	Pb	Cd
无瓣海桑	20.67	0.08	8.03	28.19	0.39
秋茄	17.29	0.07	6.42	24.79	0.29
水黄皮	19.29	0.10	8.97	29.82	0.48
裸滩（对照）	24.51	1.54	9.44	51.00	1.85

表 3 无瓣海桑各器官部位重金属富集系数

部位	Cu	Hg	As	Pb	Cd
大根	0.21	0.03	0.16	0.01	0.02
细根	0.28	0.05	1.09	0.02	0.07
枝	0.26	0.03	0.01	0.02	0.07
叶	0.24	0.01	0.06	0.02	0.06
果实	0.28	0	0.01	0.01	0.01

（1）红树林对于水土保持、净化水质的作用体现了生物多样性的________价值。

（2）通过表 2 分析可知 3 种红树林植物总体上对裸滩环境改善效果依次是________。

（3）富集系数是植物体内某元素含量与该元素在土壤中含量的比值，无瓣海桑对________这两种重金属富集能力最强，推测影响植物体富集系数大小的内外因素有__________。

（4）以无瓣海桑为食的动物是________消费者，以器官________为食的动物受到毒害的最小。

（5）由于红树林________________能力有限，要减少生活垃圾和工业废水排放。

评析：环境污染日益严重，生态恢复迫在眉睫，红树林对人类的生产生活及其所生活的环境恢复具有重要意义，广东是我国红树林主要分布区域之一，以此为素材结合彭辉武等人的研究成果设计了该试题。本题考查面不大，主要集中在生态系统的结构、价值和稳态方面。但对学生分析数据得出结论的能力要求很高，既要分析不同物种作用大小的不同，又要在准确理解富集系数这个新名词前提下分析不同器官作用大小；既要纵向比较不同植物、器官对同一元素的吸收差异，又要横向比较不同元素被吸收情况；既要看出数据表面上不同，还要推理出影响吸收效果的内外因素。由于图形相对数据有更好的直观性，可以看出这类数据分析比图形分析对学生来说更有挑战性。

【例 5】“稻鱼鸭”农业生态系统对贵州从江当地经济、社会、环境的和谐发展具有重要作用。在鱼苗较大时放养雏鸭，可以防止鸭吃鱼同时提高经济效益。该系统中的浮游植物（满江红等）和水稻害虫（稻飞虱等）是鱼和鸭的重要食物来源。请回答下列问题：

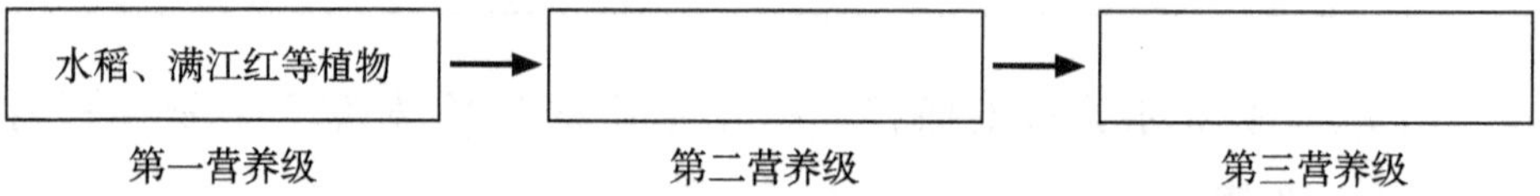

（1）该农业生态系统构建时要考虑鱼和鸭的数量，这体现了生态工程的＿＿＿＿＿＿原理。

（2）稻田中放养鱼和鸭捕食害虫，属于＿＿＿＿＿防治。鱼和鸭增加了生态系统＿＿＿＿＿＿的复杂程度，从而提高了＿＿＿＿＿＿稳定性。

（3）请用文字和箭头补充完成该生态系统的能量流动图（不考虑人为因素）。

（4）从群落结构的角度分析，该系统的立体养殖可以充分利用＿＿＿＿＿。从能量流动的角度分析，该生态系统可以＿＿＿＿＿＿。

评析：发展生态农业是实现资源可持续发展的重要手段，对于环境保护、经济增长、社会稳定具有重要意义。本题是以生态农业为背景借助张琳杰等人的论文设计出的，主要考查生态系统的结构和功能、构建生态农业的原理、与传统农业相比生态农业的优势等方面的知识内容；能力方面主要考查学生从题干获取、利用关键信息解决问题的能力，归纳总结（能量流动）的能力，知识迁移、准确表达等方面的能力。同时培养学生爱护环境、节约资源的习惯，树立可持续发展的观念。从学生反馈信息来看，难度梯度设置合理，具有较好的区分度和效度。

【例6】桉树引入广东已有100多年的历史，其可用于造纸、炼油、药品、食品等方面。大面积种植也会导致土地沙化、肥力下降、地下水位下降等问题出现。也有研究表明速生桉树林与天然林相比，其无脊椎动物（例如小蚓类、螨类等）多样性降低。请回答相关问题：

（1）调查林地无脊椎动物多样性和密度的方法是________，林地中的所有动植物和微生物形成一个__________。

（2）天然林结构上影响分层现象的主要因素是________，将天然林烧毁后种植桉树林属于演替。同天然林相比，速生桉树林的恢复力稳定性____________________，其原因是____________________。

（3）桉树用于造纸、药品所体现的是生物多样性的______________价值，保护生物多样性最有效的方法是____________。

评析：本题是以外来物种桉树为研究对象，借助王军、叶渭贤等人的论文，主要经过确立考点、遴选素材、推敲分布、打磨问题4个步骤编制。旨在考查学生对高中生物基本核心知识（群落概念、种群密度调查方法、演替的类型、生态系统稳定性、生物多样性的价值等）内容的再现、运用的能力，引导学生利用学到的知识解决社会、生活方面的实际问题，养成学以致用的习惯。培养学生从多角度看问题的发散思维和批判性思维。

【例 7】南美蟛蜞菊是广东主要的外来入侵植物之一，无性繁殖能力极强，其自然挥发物具有化感作用，会抑制周围植物的生长。

（1）经过繁殖所产生的子代南美蟛蜞菊______（会 / 不会）发生性状分离，这是因为没有经过雌雄配子的形成和随机结合，即没有发生可遗传变异中的______________。

（2）一兴趣小组想探究南美蟛蜞菊的化感作用对萝卜和菜心种子萌发的影响，从而了解南美蟛蜞菊与这两种作物的种间关系。于是他们用 DMSO 作溶剂来提取南美蟛蜞菊的化感物质，制备了不同浓度的浸提液处理萝卜和菜心种子，每天观察发芽情况，得到下图 5-4。

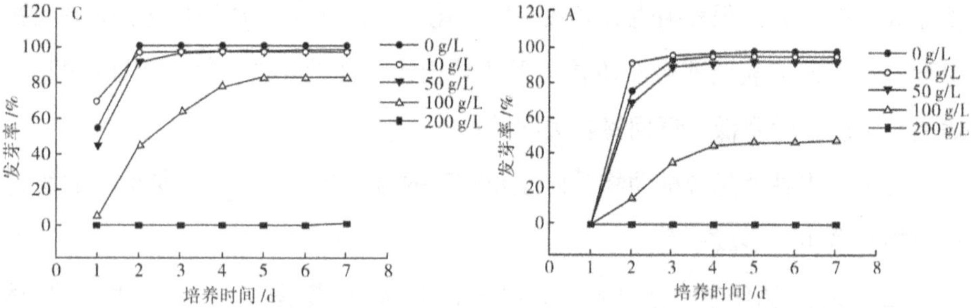

A. 南美蟛蜞菊——萝卜 **B. 南美蟛蜞菊——菜心**

图 5-4 南美蟛蜞菊浸提液对萝卜和菜心种子萌发的影响

据图分析，在无南美蟛蜞菊浸提液存在下萝卜和菜心种子分别于第 5 天和第____天达到最大发芽率；随着南美蟛蜞菊浸提液质量浓度的升高，其最大发芽率逐渐____，这说明南美蟛蜞菊与萝卜或菜心的关系为_____。

（3）有科学家提出，南美蟛蜞菊能通过化感作用抑制土壤中致病真菌的生长从而有益于其入侵。兴趣小组设计了实验来验证以上说法，操作步骤如下：

①配置 PDA 培养基（培养真菌），实验组加入南美蟛蜞菊浸提液，对照组加入________，各倒 8 个平板；②每个平板接种一个菌落直径、厚度和形态均相同活化后的立枯丝核致病真菌菌株，28℃恒温培养；③ 48h 后测量菌落面积。

请你预测实验结果及结论：________________________________

评析：南美蟛蜞菊在广东是及其常见的一种植物，但大多数人不知道其是外来物种入侵的典型代表。本题是借助孙见凡等人研究论文设计而成，主要涉及了生活、环境、技术等方面，综合考查了基因与性状的关系、基因重组、种间关系、微生物培养等内容，并着重考查实验过程分析、结果结论预测和表达的能力，对必修、选修内容均有涉及，覆盖面较广。本题中小题难度逐题提高，可较有效地区分各层次学生，具有较好的选拔功能。

原创试题设计目的要立足于培养学生从生活中发现问题、分析问题、解决问题的能力。这类题目来源于学生周边生活，可以激发学生解题兴趣，并能提高学生收集、处理信息能力，获取新知识、解决问题能力。更重要的是让学生学会对身边事物进行观察，探究原因，并运用生物学知识进行解释，并做出科学的判断和分析，提高其生物学素养。

【案例 2】基于以果蝇为素材的高考遗传类试题及变式应用

高考遗传类试题主要考查学生的理性思维和科学探究能力，是生物学科选拔考生的重要题型。而以果蝇为题材的遗传类试题更是在近 3 年全国高考生物试卷（Ⅰ和Ⅱ）中屡见不鲜，涉及的试题有 4 道，分别是 2017 年全国Ⅰ卷第 6 题、2016 年全国Ⅰ卷第 32 题和Ⅱ卷第 6 题、2015 年全国Ⅰ卷第 32 题。高考命题组为何青睐用果蝇来设计遗传试题；另外如何利用这些经典题目进行改编，使其更加符合学情，并加以应用提升复习效果，这些都是值得我们认真思考的问题。

一、选择果蝇为素材的原因分析

首先，我们从果蝇作为遗传学实验材料的地位方面分析，自从摩尔根利用果蝇作为实验材料证明基因位于染色体上后，果蝇名声大噪，其在遗传学发展史上具有举足轻重的地位。其次果蝇易饲养、繁殖快、后代多和性状区分明显等优势使其成为遗传学实验重要材料，目前在各大遗传学实验室、高校和医院等机构仍然应用广泛。另外从地域和学情方面考虑，为了平衡不同省份考生对生物材料的认知水平造成的差异，试题中生物材料的选择往往是大家耳熟能详的材料，选择果蝇也就不足为奇了。

二、从题目本身来看考查实质

与果蝇有关的这4道遗传类题目，知识点方面涉及伴性遗传、遗传规律、基因频率、纯合致死等考纲内容，考查范围全面，重点突出。高考能力要求方面，这4道题目都要求较高，属于选拔能力强的压轴题类型，对考生获取信息、推理计算能力、实验探究和表达能力都进行了重点考查，这也体现了对生物学科核心素养理性思维和实验探究能力的考查。通过考生反馈信息来看学生对实验探究能力和表达能力尤其欠缺，因此在设计相关原创试题或改编题时要加强这几个方面的能力培养。

三、针对高考题目的变式改编

在改编或原创果蝇类遗传试题的时候要重点突出核心知识，能力方面特别要注重推理、实验探究和表达能力的考查。现以2016年全国Ⅰ卷第32题为蓝本进行变式改编和应用，以期借助这些试题取得更好的复习效果。

【原题】已知果蝇的灰体和黄体受一对等位基因控制，但这对相对性状的显隐性关系和该等位基因所在的染色体是未知的。同学甲用一只灰体雌蝇与一只黄体雄蝇杂交，子代中♀灰体：♀黄体：♂灰体：♂黄体为1：1：1：1。同学乙用两种不同的杂交实验都证实了控制黄体的基因位于X染色体上，并表现为隐性。请根据上述结果，回答下列问题：

（1）仅根据同学甲的实验，能不能证明控制黄体的基因位于X染色体上，并表现为隐性？

（2）请用同学甲得到的子代果蝇为材料设计两个不同的实验，这两个实验都能独立证明同学乙的结论。（要求：每个实验只用一个杂交组合，并指出支持同学乙结论的预期实验结果。）

【变式 1】已知果蝇的灰体和黄体受一对等位基因（B/b）控制且位于 X 染色体上，一只灰体雌蝇与一只黄体雄蝇杂交，子代中♀灰体：♀黄体：♂灰体：♂黄体为 1：1：1：1。下列说法正确的是　　　　（　　）

A. 可以判断黄体为显性性状　　B. 子代灰体雌果蝇的基因型为 XBXB

C. 该结果验证了自由组合定律　D. 子代 B 基因频率为 1/3

评析：这道变式题目是将原题题干条件略作改变，并以选择题的形式出现，难度整体有所下降。内容涉及伴性遗传、遗传规律本质理解、应用，还有基因频率概念的理解和相关计算。旨在考查学生对基本规律、重要概念的理解能力以及利用题干信息解决问题的推理分析能力。测试结果显示不少学生凭经验做题，只要看到 1：1：1：1 就认为不能确定显隐关系，说明学生对伴性遗传和常染色体遗传没有清晰的认识。也有不少学生错选 C 答案，说明对自由组合对象和本质理解出错。以后的教学中要有针对性在这些方面加强训练。

【变式 2】两个实验小组用果蝇做相关遗传实验，甲小组同学用♀灰身红眼果蝇和♂黑身白眼果蝇杂交，后代 F_1 中♀灰身红眼果蝇和♂灰身红眼果蝇数量比为 1：1。乙小组同学用♀黑身白眼果蝇和♂灰身红眼果蝇杂交，后代 F_1 中♀灰身红眼果蝇和♂灰身白眼果蝇数量比为 1：1。回答下列问题：

（1）通过上述实验可以判断出隐性性状是____________。

（2）能否根据上述内容判断控制体色的基因（T、t）位于常染色体还是 X 染色体？并阐述理由__________________________________。

（3）控制眼色的基因（R、r）位于 X 染色体，甲组实验 F1 随机交配则 F2 雌蝇中纯合灰身红眼所占比例为______，F2 代 R 基因频率为______。

（4）在灰色群体中发现有一只体色为黑色的果蝇出现，有同学认为是基因突变引起，有同学认为是环境改变引起的表现型改变，基因型不变。请设计一杂交实验确定原因。

该实验思路：____；

实验预期结果和结论：________________________________

【参考答案】（1）黑身、白眼

（2）能，位于常染色体。根据题干信息可知，灰色对黑色为显性，甲乙两组实验为正反交实验，关于体色的实验结果相同，应该位于常染色体；如果位于X染色体上，乙组实验结果会出现黑身雄性果蝇

（3）1/8 2/3

（4）让该黑色果蝇与正常黑色果蝇杂交，分析后代表现型；若后代出现灰色果蝇则是环境改变引起，若后代全部为黑色则是基因突变引起

评析：该题目为综合性题目，在原题基础上进行了较大的改编，难度较高。在2017年南海区高三教学质量检测中进行了应用，主要考查学生实验与探究能力、表达能力和理性思维，表达能力要求比原题更高。题目知识层面涉及伴性遗传、基因频率、基因突变等内容。第（4）小题是典型的遗传类实验探究题目，从学生做题情况反馈来看，多数学生在该方面有较大缺陷，不能根据已知条件（黑色为隐性）和背景知识（环境改变引起的变异基因型不变）设计出相应的实验方案。第（2）和第（3）小题侧重考查学生的理性思维，要求学生具有较强的分析、推理和计算能力。而第（2）、（4）小题同时注重学生表达能力的考查，要求学生表达准确、全面、有序。

【变式3】果蝇灰身（A）对黑身（a）为显性，刚毛（B）对截毛（b）为显性。现有纯合灰身刚毛和纯合黑身截毛果蝇若干，两种纯合果蝇均有雄有雌。

（1）一只刚毛雌蝇与截毛雄蝇交配，得到的子一代雌雄个体全部为刚毛。子一代雌雄交配，子二代表现型及其比例：♀刚毛：♂刚毛：♂截毛为2∶1∶

1。则______（能/不能）判断 B/b 基因位于 X 染色体上还是在 X 和 Y 染色体同源区段上。如果能请说明理由，如果不能请设计实验来进行确定（遗传图解形式来说明）。

（2）若上一小题的亲代为纯合灰身刚毛雌蝇和纯合黑身截毛雄蝇且 B/b 位于 X 和 Y 染色体同源区段上，则子一代的基因型为______；其子二代基因型有______种，雌蝇中纯合灰身刚毛所占的比例为________。

【参考答案】（1）不能

评析：可以通过杂交实验来确定 B/b 基因是位于 X 染色体还是 X 和 Y 染色体同源区段（见下图 5–5）

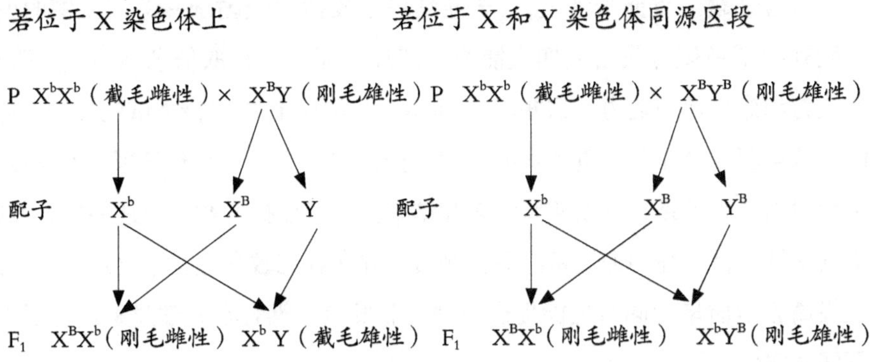

图 5–5

若位于 X 染色体上杂交实验 F_1 有刚毛和截毛；若位于 XY 染色体同源区段 F_1 只有刚毛

（2）Aa X^BX^b 和 Aa X^BY^b　12　1/8

评析：这道变式题目第（1）小题可以看作是第二道变式题目的延伸，不仅要判断基因位于常染色体还是性染色体，还要判断位于 X 染色体还是 XY 的同源区段。要通过实验设计来进行推理得出相关结论，还要写出遗传图解加以解释，难度较高。第（2）小题考查两对相对性状有关的遗传规律应用，难度不高，主要考查学生推理和计算能力。

纵观3道改编题目，都是围绕遗传核心知识和基本规律进行设计，依托经典遗传学实验（摩尔根果蝇实验）进行问题设置，考查内容较为全面，重视学生理性思维的培养。教师在高三复习过程中借助高考经典题目编制变式题目，不仅可以更好为教学服务，同时也可以提升自身专业素养。

第二节　基于高考能力要求的原创试题命制案例

【案例1】基于高考能力要求的遗传类原创试题命制

高考试题注重能力考查，《普通高等学校招生全国统一考试大纲的说明》明确列举了考试应具备的四大能力，即理解能力、获取信息能力、实验与探究能力和综合运用能力。这些能力的考查在全国 Ⅰ 卷遗传类试题中均有体现，同时该类题目也非常注重表达能力的考查，例如多年来在实验探究类题目中让考生写出实验思路、预期实验结果和结论。为了能提升学生上述能力，教师应根据学情有针对性的命制精品原创题目，并在高三教学过程中合理运用。这样在提高教学质量的同时也能促进教师专业发展。笔者在教学过程进行了尝试，下面举实例进行阐述。

【例1】下列有关孟德尔及其遗传定律的叙述错误的是　　　　（　　）

A. 孟德尔的成功说明了实验材料的重要性

B. 摩尔根通过假说－演绎法验证了遗传定律相关内容

C. 四分体时期染色体行为体现了遗传定律的实质

D. 线粒体中的基因不遵循孟德尔遗传定律

评析：本题主要考查学生对科学本质的理解能力。孟德尔的杂交实验和遗传定律开创了遗传学先河，为遗传学研究指明了方向，是高中遗传和进化专题重要内容，以此为依据设计了该题。科学史蕴含了科学探究的过程、方法和科学精神，A和B选项考查与其有关，B选项要求学生对孟德尔豌豆杂交实验和摩尔根果蝇实验过程有深刻的认识，通过比较、分析来判断两个经典实验所用方法是否都为假说－演绎法，该项是考查学生对假说－演绎法的理解程度。C 选项是对遗传定律实质的考查，要求学生对遗传定律发生时期、染色体行为变化有深刻的理解；而 D 选项考查遗传定律适用范围，看学生是否对基因分离和自由组合的对象有清晰的认识。从学生做题的情况来看，许多学生错选 B 选项，说明对于遗传实质的理解出现了问题。

【例 2】根据下面遗传系谱图（两家族均不含对方致病基因）图 5-6，有关说法正确的是　　　　（　　）

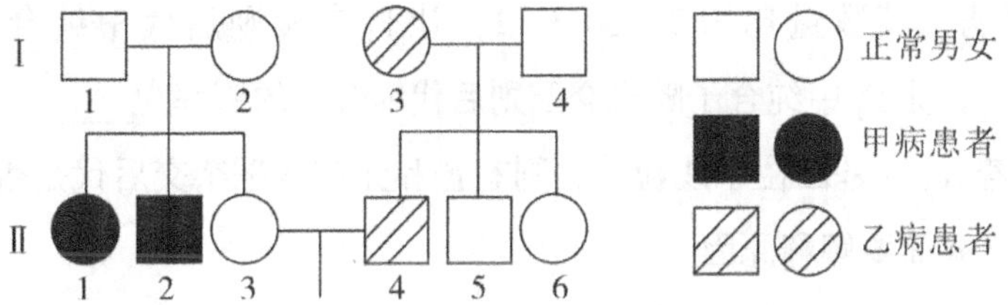

图 5-6

A. 甲遗传病出现隔代遗传现象且男患者多于女患者

B. 乙病不可能为伴性遗传

C. Ⅱ－1 和Ⅱ－2 基因型相同的概率为 50%

D. 若Ⅱ－6 为杂合子，则Ⅱ－3 和Ⅱ－4 后代患病概率为 0

评析：本题主要考查学生从图表获取信息的能力及进一步推理、计算的能力。以遗传系谱图为研究对象进行命题是高考常见的形式，对系谱图的分析建立在孟德尔遗传规律、伴性遗传等知识基础之上。A 和 B 选项是对遗传方式及其特点的考查，首先学生应根据系谱图获取重要信息，即甲病遗传方式为常染色体隐性遗传，其遗传特点不会出现 A 选项所描述现象；而乙病遗传方式多样，可以为伴 X 染色体显性遗传。C、D 选项则考查学生鉴别、选择有用信息后的应用能力，即推理和计算能力，这两项能力是生物学理科属性的关键体现。从学生测试反馈信息来看，不少学生错选 B 选项，说明这类学生在获取信息和发散性思维方面有所欠缺，平时应注重相关训练。

【例 3】水稻有芒（A）对无芒（a）为显性，抗病（B）对易感病（b）为显性，回答下列相关问题：

（1）现有纯种有芒易感病水稻和无芒抗病水稻若干，为确定两对基因位于一对同源染色体还是两对同源染色体上，请设计杂交试验并以遗传图解的形式进行说明。

（2）若两对基因独立遗传。①现有纯种有芒抗病和非纯种有芒抗病杂交，F_1 代随机交配后代出现有芒易感病植株，则亲本基因型组合有____________。②进行一组杂交实验，F_1 代表现型为有芒抗病、有芒易感病、无芒抗病、无芒易感病，其数量比为 3∶1∶3∶1，让 F_1 自交则后代中纯合子的概率为________；让 F_1 中纯合子随机交配则后代纯合子的概率为____________。

（3）若 A、a 基因位于线粒体，则有芒和无芒水稻杂交后代是否会出现一定分离比，并简要解释原因。

【参考答案】（1）将纯种有芒易感病水稻和无芒抗病水稻进行杂交，得到 F_1 代进行自交，统计 F_2 代表现型及其比例。若在 1 对同源染色体上，F_2 表现型比例为 1∶2∶1（图 5–7）；若在 2 对同源染色体上则 F_2 表现型比例为 9∶3∶3∶1（图 5–8）。

P　AAbb　×　aaBB

F_1　AaBb

↓ ⊗

F_2　AAbb　AaBb　aaBB

有芒易感病　有芒抗病　无芒抗病

1　2　1

图 5–7

P　AAbb　×　aaBB

F_1　AaBb

↓

F_2　A_B_　A_bb　aaB_　aabb

有芒抗病　有芒易感病　无芒抗病　无芒易感病

9　3　3　1

图 5–8

（2）① AABB × AABb，AABB × AaBb　② 2/2　1/2

（3）不会。若 A、a 基因位于线粒体，不在同源染色体上，细胞减数分裂过程中细胞质不均等分裂，不同线粒体所含A或a基因随机进入卵细胞遗传给后代，因此不会出现一定分离比。

评析：本题目主要考查学生综合运用能力、表达能力等，要求学生对科学本质有深刻理解，并能利用所学知识解释生命现象或解决生活实际问题。知识层面涉及孟德尔遗传规律及实质、杂交育种、细胞质遗传等内容。第（1）小题着重考查学生对自由组合定律本质理解，运用推理、计算等理性思维解决实际问题能力和借助实验设计解释生命现象的能力。第（2）小题主要考查学生能否综合运用分离定律、自由组合定律、哈迪温伯格定律等科学知识规律解决具体生产实践，难度较高。第（3）小题学生能够准确完整描述的极少，不能准确理解细胞质遗传的含义，对核基因和细胞质基因遗传方式存在混淆之处，大多数学生表达能力欠缺。

教师依据学情，通过遗传类原创试题的命制、运用和反馈，可以准确掌握学生在知识层面和能力方面的不足之处；通过反馈结果反思教师自身教学缺陷，及时调整教学策略和方法，在提高自身教学质量同时提升学生多方面能力和学科素养；借助反馈信息还可以改善试题质量，为创建精品原创试题库提供原始积累。

【案例2】基于科学思维的原创试题命制

科学思维主要包含比较分类、归纳总结、演绎推理、模型构建、批判性思维、创新性思维等，是生物学核心素养重要内容，也是高考考查的重点。逻辑思维即演绎推理是科学思维的重要表现形式，而批判性思维、创新性思维是基于逻辑思维的高阶思维。高考生物全国卷中图表类题目（2019年I卷第6、32题；2018年I卷第4、30、32题）和实验探究类题目（2019年I卷第29题、32题；2018年I卷第32题）是考查学生逻辑思维、创新思维等科学思维水平的重要题型。因此，在高三教学中要重视该类试题的命制和运用，发展学生科学思维，从而提升学生发现问题、解决问题的能力。笔者在高三生物复习时借助原创试题的编制对发展学生科学思维进行了一些探索和实践，下面举例进行阐述。

【例1】已知 C_4 植物比 C_3 植物具有更强的固定低浓度 CO_2 能力。现将 A、B 两种植物面积相等的叶片分别放置在温度均为 30℃的大小相同密闭小室中，给予足够光照，利用仪器每隔一段时间测定一次小室中的 CO_2 浓度，结果如图 5-9 所示。下列说法错误的是（　　）

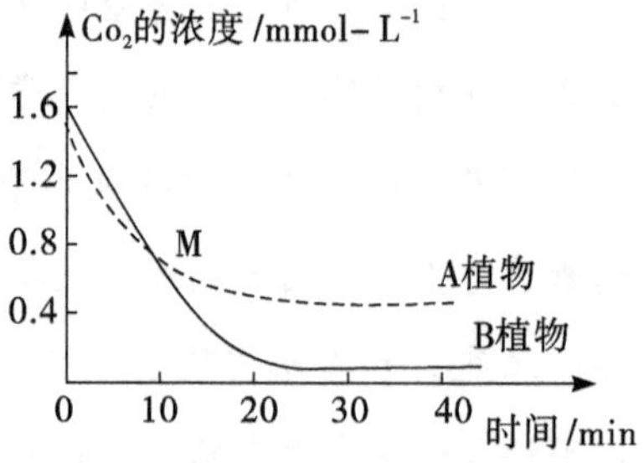

图5-9

A. 该实验自变量为植物种类和时间

B. M 点代表 A 和 B 两种植物叶片净光合作用速率相等

C. 40min 时 B 植物叶片光合作用速率与呼吸作用速率相等

D. 若 A、B 两种植物一种为 C_3 植物，另一种为 C_4 植物，则为 C_4 植物为 B 植

【参考答案】B

评析：科学思维是建构概念、形成生命观念的重要途径[2]。光合作用和呼吸作用对于不同层次的生命系统都具有重要意义，其作为核心概念是高中生物教学重点内容，也是高考高频考点。本题目就是通过聚焦科学思维（对比分类、演绎推理等）对实验结果进行分析、判断和评价，进而促进学生准确理解和形成相关概念。

从学生做题反馈信息来看，许多学生不能依据实验现象和结果来准确理解表象背后的实质，对交叉点 M 所代表的真实含义理解有所偏差，错误认为两种植物净光合作用速率相等。学生只有准确理解和灵活运用所学知识（净光合作用的含义）并根据曲线推理分析（M 点两条曲线斜率）才能判断 A、B 植物净光合作用强度的强弱。

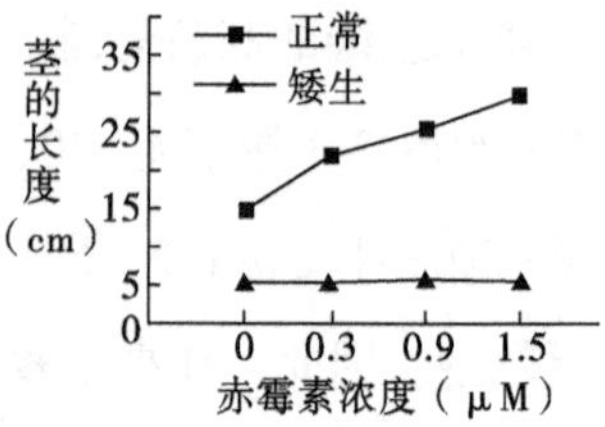

图5-10

【例2】小麦突变导致出现矮化性状，研究人

员推测矮化可能是突变体对赤霉素敏感性改变有关。矮化的小麦突变体在增加产量上有优势。研究人员用正常生长小麦和该矮化小麦突变体为材料，用赤霉素处理结果如图 5-10，下列有关分析中正确的是（　　）

A．该实验说明了突变体对赤霉素敏感性降低

B．该结果证明赤霉素浓度越高，正常水稻茎的细胞分裂周期越短

C．通过曲线分析说明了小麦最适赤霉素浓度为 1.5 μM

D．该实验结果说明了赤霉素也具有两重性的作用特点

【答案】A

评析：该题是以真实的实验情景让学生通过逻辑推理对实验结果进行分析和评价。知识层面主要是考查植物激素的作用，核心素养方面主要考查学生科学思维和实验探究能力，难度较大，要求较高。A 选项不少学生能够通过两条曲线对比分析推理出结论正确，但该题目有许多学生错选 B 和 D 两个选项。错选 B 选项是因果关系推理出错，对赤霉素的作用机理（促进细胞伸长）理解错误。错选 D 选项说明对两重性的概念理解不够准确，两重性强调浓度的高低对同一组织器官的影响，而该题目针对是不同的作用对象（正常和突变）。

【例 3】某植物野生型个体基因型为 mmnn，研究人员得到该植物的突变型个体雌雄均为 MmNn，该植物只有 M 显性基因或 N 显性基因存在时胚胎致死。

（1）已知这两对基因位于常染色体上，请设计一次实验（写出实验思路及其预期结果）来说明这两对基因位于一对同源染色体上。

（2）若已确定两对基因独立遗传，让上述突变型个体相互交配得子代，预判断子代中突变型个体的基因型，可让其与野生型个体杂交，请写出预期结果及其结论。

【参考答案】（1）利用突变型与突变型进行交配，其结果为突变型：野生型 =3：1 或全是突变型

（2）若子代表现型及其比例为突变型：野生型 =1∶1，则其基因型为 MmNn；若子代表现型只有突变型，则基因型为 MMNN 或 MMNn 或 MmNN

评析：第 3 题涉及知识层面主要考查了孟德尔遗传规律、基因连锁等核心内容，能力方面主要考查学生获取信息能力、演绎推理、实验探究和表达能力。实质上重点体现了对生物学科核心素养科学思维和科学探究能力的考查。

第（1）题学生需要在一定信息基础上运用假说－演绎法的科学方法，设计合理实验，并对可能出现的结果做出预期判断。学生需要快速准确利用所学知识，根据问题情景，通过严谨的推理做出科学合理的推测和猜想，这就要求学生具有较好的发散思维、批判性思维和创新思维。从学生做题情况来看，有部分学生选择用突变型和野生型做杂交（测交），没有考虑到如果两对基因位于两对染色体上的情况，其结果和位于一对染色体上的结果都会出现突变型：野生型为 1∶1，基于此要排除该方法。有部分同学虽然选用了突变型和突变型杂交，但只是考虑到了一种基因连锁情况，在思维的发散性上有所欠缺。第（2）题则要求学生具有较好的逻辑推理、归纳总结和专业表达能力。首先要推理分析子代四种基因型个体种类，然后归类总结这四种基因型个体分别与野生型杂交，结果有什么异同。从学生答题情况来看，往往会遗漏一些情况分析，表达得也不够简洁和全面。表达能力实质上体现学生思维链条的严谨性、有序性和全面性程度，在平时的教学中要加以重视。

上面三道题目都是基于真实情境下进行的试题设计，主要借助于实验探究（方案设计、完善步骤）和实验结果（数学模型等）分析来考查学生科学思维水平，促进学生科学思维发展。通过原创试题的命制和合理运用提升教学效果，同时可以有效促进教师专业水平发展。

【案例 3】设计综合性试题 培养学生系统思维

系统思维是从系统和要素、要素和要素、系统和环境的相互联系、相互作用中综合考察认识对象的一种思维方法。其来源于系统论，系统论是理论生物学家贝塔朗菲于1945年创立。系统思维方法是人类目前掌握的最高级、最科学的思维方法，其重视整体思考，同时注重在整体的前提下研究解决局部的问题。高三生物复习的主要目的是让学生逐步完善知识结构、熟练掌握学科规律，并利用学科知识、规律和方法去解决实际问题。因此高三教学不仅要让学生掌握有内在联系、系统的知识，更重要的是让学生掌握适应时代所需要的思维方式和思维品质。笔者在高三生物复习时借助综合性原创试题的编制对培养学生系统思维进行了一些探索和实践，下面结合系统思维的特点进行论述。

一、系统思维的整体性

系统都是由各种成分要素构成，在分析处理问题过程中，应运用整体思维来思考问题，既要注意系统内部结构的合理性，又要考虑各要素之间的相互联系。例如，学生在学习细胞代谢和人体内环境稳态时，对酶、神经递质、激素三者的作用及其相同点和不同点存在一定的混淆。笔者就设计了一道题目来帮助学生对3种与人体稳态有关的元素进行辨析从而帮助其建立研究问题的整体观。

【例1】根据图5-11所示内容分析，下列说法错误的是（　　）

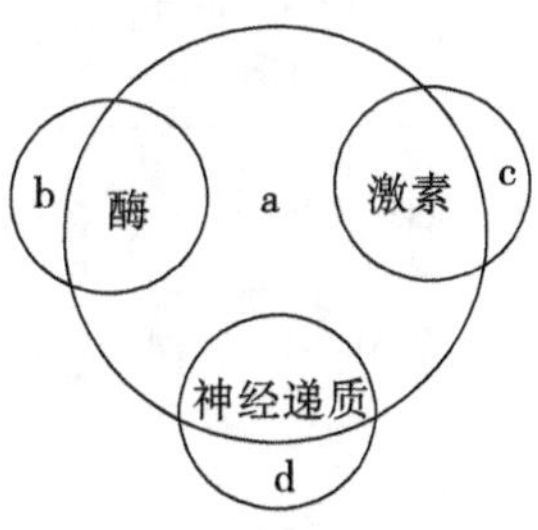

图5-11

A. 若a为蛋白质，则b为某些RNA，c包含性激素，d包含氨基酸

B.b、c、d可以作为信号分子调节细胞代谢

C. 在神经—体液—免疫调节过程中，酶、激素和神经递质都具有重要作用

D. 激素和神经递质起作用都需体液运输并在作用完之后要都被灭活或被转移

评析：由于酶的作用是催化，不能作为信号分子，因此答案为B。这道题

目涉及高中生物知识体系中的核心知识点较多，考查了学生对酶、激素、蛋白质等核心概念的理解程度。考查学生能否准确理解核心概念的内涵，能否从本质、功能、作用途径等方面准确梳理这些核心概念之间的逻辑关系。可以看出通过该题目的考查能促使学生更全面地认识问题，从而建立知识结构系统的整体性，进而建立思维的整体性。

二、系统思维的动态性

生命系统都是动态的而不是静态的。生命系统的动态性包含两方面的意思，其一是系统内部的组成结构是随时间而变化的；其二是系统必定与外部环境存在着物质交换、能量转化和信息的交流。培养学生系统思维的目的之一是让学生意识到事物发展是动态可变的过程，不可静止看待事物。因此教师在平时设计题目时要注重训练学生思维的动态性。

【例 2】水稻为 C3 植物，玉米为 C4 植物，C4 植物由于含有 PEP 羧化酶（对 CO_2 的亲和力很高）可利用细胞间隙中很低的 CO_2 进行光合作用。根据图 5–12 所示回答相关问题：

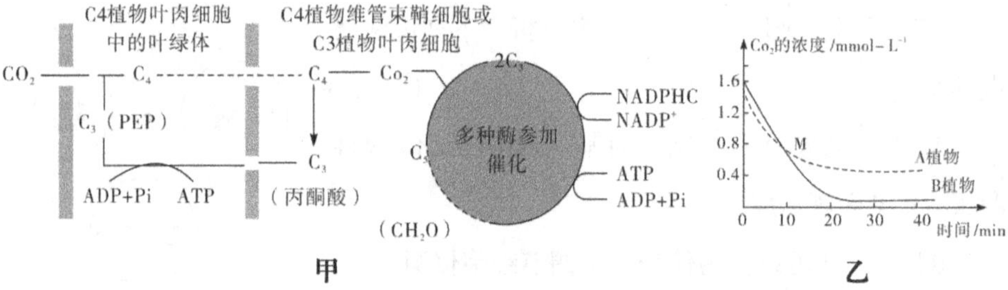

图 5–12

（1）据图 5–12（甲），分析水稻和玉米固定 CO_2 的场所分别为______和______。

（2）高温时植物气孔关闭，该条件下______（玉米 / 水稻）具有较强光合作用，其原因为：______。

（3）将叶面积相等的 A、B 两种植物的叶片分别放置在相同的、温度适宜且恒定的密闭小室中，给予充足的光照，利用红外测量仪每隔 5 min 测定 1 次小室中的 CO_2 浓度，结果如图 5-12(乙) 所示。

①若 A、B 两种植物其中一种为 C_3 植物，一种为 C_4 植物，则为 C_4 植物的是______；若 A 植物在 5min 时光照强度突然降低，C_5 含量将______。

②当 CO_2 浓度为 M 点对应 CO_2 浓度时 A、B 两植物净光合作用强度的关系为______；30min 后两条曲线最终不再变化的原因是______。

【参考答案】（1）叶肉细胞叶绿体　维管束鞘细胞叶绿体和叶肉细胞叶绿体

（2）玉米　气孔关闭，植物体内 CO_2 浓度降低，玉米为 C_4 植物，含有 PEP 羧化酶，相比水稻，可在 CO_2 低浓度条件下固定更多 CO_2 进行光合作用

（3）①B 植物　降低　②A<B　CO_2 浓度不断降低使光合作用强度不断减弱，最终光合作用强度等于呼吸作用强度

评析：该题目的设计难度较高，要求学生能够灵活运用所学知识解决实际问题。特别是第（3）小题，当生命系统的外界环境条件改变（CO_2 浓度降低、光照强度减弱）的时候，要求学生能够运用动态的思维来解决问题。例如学生要准确理解小室中 CO_2 浓度单位时间内降低所代表的含义，借助 M 点曲线的斜率来辨别 A、B 两植物净光合作用强度是 A<B，而不是许多同学由于静态思维所认为的 A=B。通过该题可知复习知识系统时不可死记硬背，不能以孤立的、静止不变的观点和思维分析问题。

三、系统思维的有序性

生命系统结构的层次性及动态的方向性体现系统具有有序性。系统越有序，它的组织程度越高，稳定性也越好。思维的有序性体现了对系统结构的深入了解。结合高中生物教学，有序性主要体现在两个方面，即思维的有序性和表达的有序性。

【例3】金钗石斛具有很高的观赏价值，金钗石斛的开花需要低温（4℃）诱导（春化作用）一段时间，生产中常采用冷库或高山基地进行低温处理，但成本高。为了探究细胞分裂素类似物TDZ是否可以在常温下替代低温处理诱导金钗石斛开花，研究人员设计了下列实验。

选取长势相同、枝叶完全展开的植株，分甲、乙、丙组进行如下表处理：

表5-4

组别	处理	日温	夜温	培养30天
甲组	20 mg/L TDZ喷洒叶片	20～26℃	18～20℃	每周淋水1次
乙组	*	20～26℃	18～20℃	每周淋水1次
丙组	等量清水喷洒叶片	20～26℃	*	每周淋水1次

30天后所有材料移至温室培养，日温20～26℃，夜温12～18℃，观察记录其开花情况。

（1）该实验的自变量有______；选取长势相同、枝叶完全展开的植株进行实验，其目的是________。

（2）乙组中*的处理为__________；丙组中*的夜温为__________。

（3）请预期甲、乙、丙组实验的开花情况，并写出相应的结论：________________________。

【参考答案】（1）TDZ的有无和温度 控制无关变量，防止由于植株长势不同等造成实验误差，使结论更可靠

（2）等量清水喷洒叶片 4℃

（3）①甲组和丙组普遍开花，乙组不开花，则TDZ能代替低温处理诱导金钗石斛开花；

②丙组普遍开花，甲组和乙组不开花，则TDZ不能代替低温处理诱导金钗石斛开花。

评析：探究性实验题目是高考常见的试题类型，其可以考查学生对比、分

析、计算、表达等多方面的能力。该题目设计双因子变量，较好地训练了学生思维的有序性，学生首先要根据实验目的推出空白对照如何设置（★处为4℃），然后根据单一变量原则通过甲组和乙组、丙组和乙组的对比分析推理出★的处理应该为等量清水喷洒叶片，再根据实验目的的达成情况反推理出各组的开花情况。该题目的第（3）小题的设计目的之一就是训练学生表达有序性，当然，表达有序性是建立在思维有序性基础之上的，学生前面的推理合理有序，才能够具有逻辑性的准确全面表达出实验的结论。

系统思维与生物学科的思想特性本质上是一致的，教师进行原创试题编制时要有意识在培养学生系统思维方面进行设计。一方面不仅有利于教师深刻理解教材内容、课程标准和考纲，促进教师专业发展；另一方面可以帮助学生建立高中生物知识体系，更好理解生命系统动态的发展过程。同时促进学生形成系统思维等高阶思维能力，促使学生以系统论的观点认识和解决问题。

第三节　不同知识体系的原创试题命制案例

【案例1】例谈实验探究类原创试题的编制

生物学科是一门以实验为基础的学科，也是一门发展迅速、应用广泛的学科。高考生物题目中与生活实践联系紧密的探究性实验题目屡见不鲜，该类题目在考查学生基本知识、实验技能的同时，着重考查学生信息获取、演绎推理、知识迁移、总结表达等方面的能力。高三考试中引入这类题材新颖、紧扣考点的精品原创试题在激发学生思维，提升学习能力的同时，帮助教师反思教学效果，完善教学方法。

一、编制实验探究类原创试题的原则

（一）试题具有科学性、代表性和独创性

素材是试题原创的起点和载体，没有科学新颖的素材，就没有严谨富有创意的原创试题。因此试题中采用的实验素材要求数据可靠、方法严谨，不可出现科学性错误。设计问题应在高中生所能理解的范畴内，且与教材内容紧密联系具有一定代表性。试题所解决的问题和研究角度新颖独特，具有一定独创性。

（二）注重生物学知识与 STSE 的联系

高考中有不少的生物实验题目，涉及科学、技术、社会和环境等方面的内容，所设问题也注重解决一些实际问题。例如 2014 年广东高考第 29 题，用植物组织培养技术生产生物碱，2013 年广东高考第 29 题，借助发酵技术将木薯块根的淀粉制备成燃料酒精。这些实验题目均与科学技术、生产生活紧密联系，试题的鲜明特点在于贴近生活、贴近学生。因此在试题命制过程要关注生物理论知识与生产实际的联系，以提高学生利用理论知识解决实际问题的能力。

（三）考查基础知识同时着重进行能力的培养

基础知识学习和能力提升是构建认知结构的重要因素，也是生物学素养提高的重要体现。在编制试题时应充分考虑学生现有知识、能力水平，既要对知识层面进行一定程度的考查，更要通过对研究手段方法、研究步骤过程、实验结论表述等方面的考查来培养学生相关探究能力，并要使两者具有良好的结合。

（四）试题应具有针对性和层次性

原创试题的考点要紧扣课程标准要求和考纲要求，最好有双向细目表，有

的放矢，具有针对性。同时根据学生实际，既要有选拔功能，又要考虑中下等学生的需求，合理控制题型的难易程度和比例，使试题具有一定难度梯度，显示其层次性。

二、实验探究类试题原创案例

（一）素材来源

1. 人教版生物必修一“温度对酶活性的影响”和必修二“染色体数目变异”等相关内容。

2. 科技论文:《细胞分裂素对金钗石斛开花及其 VRN1-like 基因表达的影响》。

（二）试题设计

零上低温（4℃）条件在日常生活和生产实践中应用广泛，根据所学知识回答相关问题：

Ⅰ 低温（4℃）在水果保鲜过程中可以__________从而抑制细胞呼吸作用，减少有机物的消耗；在育种方面，低温（4℃）条件可以________从而诱导出多倍体植株新品种。

Ⅱ 金钗石斛具有很高的观赏价值，金钗石斛的开花需要低温（4℃）诱导（春化作用）一段时间，生产中常采用冷库或高山基地进行低温处理，但成本高。为了探究细胞分裂素类似物 TDZ 是否可以在常温下替代低温处理诱导金钗石斛开花，研究人员设计了下列实验。

选取长势相同、枝叶完全展开的植株，分甲、乙、丙组进行如表 5-5 处理：

表 5–5

组别	处理	日温	夜温	培养 30 天
甲组	20 mg/L TDZ 喷洒叶片	20 ~ 26℃	18 ~ 20℃	每周淋水 1 次
乙组	j	20 ~ 26℃	18 ~ 20℃	每周淋水 1 次
丙组	等量清水喷洒叶片	20 ~ 26℃	k	每周淋水 1 次

30 天后所有材料移至温室培养，日温 20 ~ 26℃，夜温 12 ~ 18℃，观察记录其开花情况。

（1）研究发现低温会使金钗石斛产生大量的脂质过氧化产物（MDA）而破坏细胞的脂质，由此可知低温伤害的细胞结构主要是__________。

（2）选取长势相同、枝叶完全展开的植株进行实验，其目的是_____。

（3）乙组中 j 的处理为__________；丙组中 k 的夜温为__________。

（4）请预期甲、乙、丙组实验的开花情况，并写出相应的结论：

①____________________；②____________________

参考答案：

Ⅰ 降低呼吸酶的活性 抑制纺锤体的形成，使染色体数目加倍

Ⅱ （1）细胞膜

（2）控制无关变量，防止由于植株长势不同等造成实验误差，使结论更可靠

（3）等量清水喷洒叶片 4℃

（4）①甲组和丙组普遍开花，乙组不开花，则 TDZ 能代替低温处理诱导金钗石斛开花；②丙组普遍开花，甲组和乙组不开花，则 TDZ 不能代替低温处理诱导金钗石斛开花

（三）命题意图

本题是以“零上低温的实践应用和细胞分裂素的生理作用”为背景，主要经过确立考点、遴选素材、推敲分布、打磨问题四个步骤编制的一道实验探究

题。主要旨在考查学生对高中生物基本核心知识（影响酶活性的因素、染色体变异、生物膜的结构、实验探究的原则和方法等）内容的再现和运用的能力，考查学生通过图表获取信息并与已有知识整合的能力，考查学生对数据比较分析、知识迁移、准确概括表达等方面的能力。引导学生利用学到知识解决社会、生活方面的实际问题，养成学以致用的习惯。培养学生从多角度看问题的发散思维和批判性思维。

（四）试题评价

试题让学生了解到低温和细胞分裂素的一些用途和研究方向，具有一定的前瞻性；同时与生产生活紧密联系，具有适切性；试题具有特有的生物素养考查视角，具有一定独创性；试题设计范围较广、考点较多，具有综合性。

试题题干信息呈现方式既有文字材料，又有数据表格，信息量控制合理，卷面美观具有亲和力，在提高了学生的考试兴趣同时防止了无效信息对学生的干扰。语言表达严谨，有利于学生进行趋同思维，不产生歧义。试题考查知识要求相对较低；但实验能力和实验规范要求较高，体现了生物实验学科的典型特征。试题还注重考查在复杂背景下知识综合运用能力，要求学生具备对实践和实验事实的解释、分析和处理能力，体现了以测试为主导，将知识、能力和素质融为一体同时考查的命题思想。

（五）命题反思

原创实验探究类试题不易，原创出此类精品试题更难。原创过程要考虑很多方面，例如选材和情境设置、人文渗透、数据简化、问题设计、答案设置等等。这些都需要教师精心思考，慢慢推敲，力求试题洋溢时代气息，表述精简科学，设问严谨有效，难度梯度适宜，着重能力考查。这样命制出的试题无论效度还是信度都会很高，表现出强大的生命力。只要我们平时善于积累素材、利用素材，精心雕琢，一定可以命制出越来越好的精品试题，用来提高教学效果同时促进教师的专业化发展。

【案例 2】例谈生态环境类原创试题的命制

在 2017 年版《普通高中生物学课程标准》中提到学生应“树立和践行‘绿水青山就是金山银山’的理念，形成生态意识，参与环境保护实践。”同时近几年高考题目涉及生态环境类的题目屡见不鲜，例如 2019 年高考全国 I 卷第 31、37 题，Ⅱ卷第 37 题；2018 年高考全国Ⅱ卷第 31、37 题；2017 年高考全国Ⅱ卷第 31 题，等等。从涉及题量来看，呈逐年上升态势。这类题目都充分体现了新课程标准精神，在考查学生知识能力的同时有利于培养学生社会责任等核心素养。因此教师在高三教学过程中要有意识进行有关试题的编制和运用，在提升学生解决问题能力的同时促进学生学科核心素养发展。笔者在高三教学过程对相关原创试题命制进行了尝试和探索，现举例来进行阐述。

【例 1】红树林是生长在热带、亚热带沿海潮间带的木本植物群落的总成，具有净化海洋水质和土壤环境吸附重金属等功能[4]。有关红树林湿地生态系统叙述错误的是（　　）

A. 红树林湿地中生物种类多样，维持其结构和功能稳定性的能力较强

B. 引种速生红树林对沿海生态系统的恢复属于次生演替

C. 红树林湿地通过物质循环和能量流动可以实现自给自足

D. 该湿地不同区域生物种类和数量上的差异是群落水平结构的体现

评析：本题是以红树林为背景进行命制，主要考查学生对群落结构和演替，生态系统结构、能量流动和稳定性的理解和应用程度。要求学生利用所学知识运用结构和功能观、物质与能量观、稳态和平衡观等生命观念分析在真实、较为复杂情境中的生命现象，并作出准确合理的判断和解释。同时希望通过该类题目促进学生认同环境保护的必要性和重要性，深入了解红树林，树立保护红树林等湿地生态系统的意识。从学生答题情况来看，大多数学生知道生态系统需要能量的输入，不能自给自足。该题目难度适中，具有一定区分度。

【例2】木质素广泛存在于植物细胞壁，是自然界含量仅次于纤维素的有机化合物。利用微生物降解木质素对于造纸工业废水处理、生产乙醇燃料具有重要意义。科研人员开展相关研究，从秸秆堆积处地表下筛选出高效分解木质素微生物，初筛培养基成分见表5-6。回答以下问题：

表5-6

成分	碱木质素	硝酸铵	硫酸镁	磷酸二氢钾	磷酸二氢钠	琼脂	蒸馏水
含量	2.0g	1.33g	0.5g	1.0g	0.2g	20g	1000ml

（1）该培养基提供氮源的是____________。该培养基从功能上来看属于____________培养基，其依据是____________。

（2）该培养基的灭菌方法是________。为进一步分离纯化，在含有愈创木酚的鉴别培养基上进行接种的方法是____________。

（3）该类微生物会产生分解木质素的漆酶，利用凝胶色谱可以提纯该酶，其原理是____________。

（4）研究发现 Cu^{2+} 对漆酶活性有影响，请设计实验探究漆酶的最适 Cu^{2+} 浓度。（写出实验思路）

参考答案：（1）硝酸铵　选择　碱木质素为唯一碳源，只有能够分解碱木质素的微生物才能在培养基上生长

（2）高压蒸汽灭菌法 稀释涂布平板法

（3）根据相对分子质量大小分离蛋白质

（4）配制具有相同梯度、不同质量浓度的 Cu^{2+} 溶液处理漆酶，测试漆酶活性，活性最高即为最适 Cu^{2+} 浓度。

评析：目前微生物在食品生产、制药、环境保护等人类生产、生活中的应用极具广泛。近几年高考全国卷选修一模块考试内容主要集中在微生物的利用，基于此设计了该题目。本题考查了学生对微生物培养、筛选、纯化的基

本操作方法以及蛋白酶的分离、提纯等相关技术的掌握程度，还通过实验设计考查学生科学探究能力。通过该题让学生加深认识到微生物技术在废弃物再利用、清洁能源、改善环境等方面极具优势，有着广阔的发展前景。通过学生答题情况来看，实验方案设计和表达能力是学生普遍所欠缺的，因此教师在教学过程中要加强这方面试题的研究、编制和应用。

【例3】“稻鱼鸭”农业生态系统对某地区经济、社会、环境的和谐发展具有重要作用。该系统中的水稻害虫（稻飞虱等）是鱼和鸭的重要食物来源。[3]请回答下列问题：

（1）鱼和鸭投放在稻田生态系统________（增加/降低）该生态系统结构稳定性，其原因是________。

（2）在不考虑人为因素下请完成该生态系统的能量流动图。

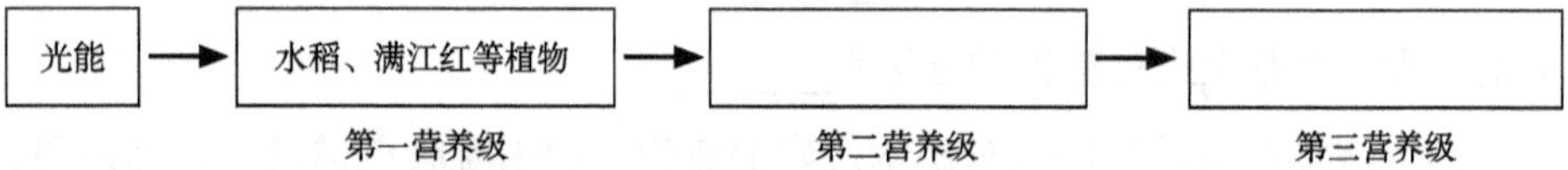

图5–13

（3）从群落结构的角度看，该系统的立体养殖可以充分利用________；从能量流动的角度看，该生态系统可以__________，从而提高经济效益。

【参考答案】（1）增加　鱼和鸭增加了该生态系统营养结构，提高了生态系统的抵抗力稳定性

（2）

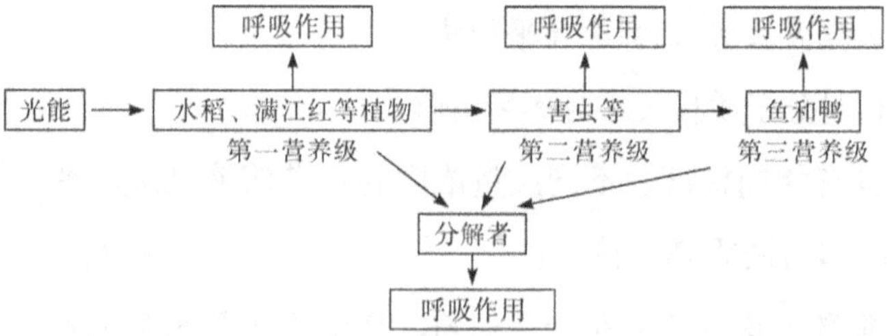

图5–14

（3）栖息空间和食物条件等资源提高能量利用率　使能量更多流向对人类

最有益的部分

评析：大力发展生态农业是实现资源可持续发展的重要手段，对于当地经济、生态和社会效益等方面具有重要意义。本题主要考查农田生态系统的结构和功能、种间关系、能量流动等方面的知识内容。能力方面主要通过模型来考查学生从题干获取信息能力、归纳总结能力，知识迁移运用能力、专业术语表达等方面的能力，促进学生生命观念和科学思维的发展。同时培养学生保护环境、节约资源的良好习惯，树立可持续发展的观念。从学生做题反馈信息来看，不少学生在构建能量模型过程忽略了流向呼吸作用和分解者的能量，与食物链混为一谈。从测试结果来看虽然该题难度较高，但具有较好的区分度、信度和效度。

【例 4】近年来我国研究团队在沙漠地区利用发明的植物性纤维黏合材料，模拟出土壤颗粒之间的“万向结合约束”，可以保住水分和营养，将沙漠变成土壤，目前已有万亩沙漠变良田。回答下列相关问题：

（1）沙漠变农田后发生了群落的________演替。有研究人员研究该区域物种丰富度的变化，属于________（填“种群”“群落”或“生态系统”）水平的研究范畴。

（2）农田中昆虫外出觅食提高了被鸟类捕食风险，说明了信息传递可以______________。

（3）某区域农田田鼠种群的能量流动关系如表 5–7 所示［单位：×102J/（m^2·a）］

表 5–7 某区域农田鼠种群的能量流动关系

摄食量	粪便量	呼吸散失	流向捕食者
156.7	49.8	45.3	16.5

田鼠在生态系统成分中属于__________，该种群用于生长发育繁殖的能量为__________。

参考答案：（1）初生　群落

（2）调节种间关系，维持生态系统的稳定

（3）消费者　61.6×10^{2} [$J/m^{2}\cdot a$]

评析：目前我国沙漠治理取得了巨大的成就，治沙方式多样。本题目以我国重庆交通大学最新研究成果为背景进行设计。题目涉及的考点较多，包含群落的结构和演替、生态系统的结构、能量流动和信息传递等。设计目的主要有两个方面：一是考查学生对演替、能量流动等核心概念的理解和运用能力，能否利用教材中能量流动相关模型来解决实际问题，促进其逻辑推理、模型建构等科学思维的发展。二是通过题干信息让学生了解我国防沙治沙方面的最新进展，让学生明白加强学科间的相互渗透和横向联系的重要性，要重视利用多学科共同研究来解决相关难题。树立学生保护环境、治沙防沙的意识，培养学生的社会责任感。从学生答题情况来看，不少学生对群落研究对象和范畴以及某一营养级能量流动去向理解有所偏差，需要加强完善。

有关生态环境类题目的编制除了考虑高考能力要求之外，重点要指向促进学生生物学学科核心素养发展，特别是有针对性的培养学生社会责任意识的形成。命制试题要贴近学生生活，以真实的情境来进行设计，让试题成为学生运用知识分析和解决问题的载体。设问要具有严谨的逻辑性和清晰的层次性。同时要保证试题的科学性、规范性和公平性，具有较好的选拔功能，能够区分不同能力和素养水平的学生。

【案例 3】例谈生物技术实践类原创试题的命制

一、试题和答案

木质素广泛存在于植物细胞壁，是自然界含量仅次于纤维素的有机化合物。利用微生物降解木质素对于造纸工业废水处理、生产乙醇燃料具有重要意义。科研人员开展相关研究，从秸秆堆积处地表下筛选出高效分解木质素微生物，初筛培养基成分见表 5-8。回答以下问题：

表 5-8

成分	碱木质素	硝酸铵	硫酸镁	磷酸二氢钾	磷酸二氢钠	琼脂	蒸馏水
含量	2.0g	1.33g	0.5g	1.0g	0.2g	20g	1000ml

（1）该培养基提供氮源的是__________。该培养基从功能上来看属于培养基，其依据是__________。

（2）该培养基的灭菌方法是__________。为进一步分离纯化，在含有愈创木酚的鉴别培养基上进行接种的方法是__________。

（3）该类微生物会产生分解木质素的漆酶，利用凝胶色谱可以提纯该酶，其原理是__________。

（4）研究发现 Cu^{2+} 对漆酶活性有影响，其结果见图 5-15 所示，据图分析可以得出的结论是________________。

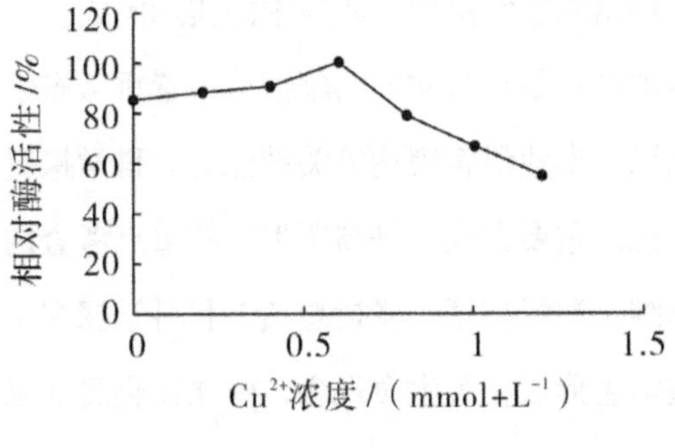

图 5-15

【参考答案】（1）硝酸铵　选择碱木质素为唯一碳源，只有能够分解碱木质素的微生物才能在培养基上生长

（2）高压蒸汽灭菌法　稀释涂布平板法

（3）根据相对分子质量大小分离蛋白质

（4）在一定浓度范围内，Cu^{2+} 对漆酶活性有促进作用，在浓度为 0.6mmol/L 时促进作用达到最高随浓度升高，超过一定浓度，Cu^{2+} 对漆酶活性具有抑制作用。

二、试题设计说明

（一）命题背景和考查意图

在 2017 年版《普通高中生物学课程标准》中指出要通过学业评价促进学生发展，评价内容要以生物大概念、重要概念等重要知识为依托。命题要以学业质量标准为依据，指向生物学科核心素养的发展水平，评价学生的生命观念、科学思维发展、科学探究能力和社会责任意识。

目前高考试题既要为高校选拔人才服务，也要体现立德树人的思想，还要尊重学生自身认知规律和成长规律，培养学生生物学核心素养。纵观近几年高考全国卷特别是Ⅰ卷和Ⅱ卷第 37 题，发现考查知识面较广，综合性较强，主要涉及到利用微生物培养来解决生产实践中的实际问题。

鉴于此设计的本试题是在真实的问题情境中着重考查学生获取信息、实验探究、综合运用知识、专业语言表达等关键能力。科学探究和科学思维是建构概念、形成生命观念的重要方式，是高考生物的重点考查内容。因此该题目也是通过聚焦科学思维（演绎推理、概括总结）和科学探究（实验结果分析和评价）的考查来促进学生形成相关生命观念，树立社会责任意识。

（二）素材来源与处理

本题目素材主要来源于科技论文《高效木质素降解菌的筛选及产漆酶条件的研究》，其内容高度契合教材微生物培养与筛选、酶的利用等核心考点。因此结合教材和考纲要求对论文数据进行了有选择的利用和改编。

具体利用的素材，我们选取了论文中木质素初筛固体培养基（选择培养基）和愈创木酚显色培养基相关内容，及金属离子对酶活性影响的实验结果曲线来编制试题。通过表格再现培养基成分，有利于学生获取信息，解决问题。

（三）试题设计

1. 考点选取

近三年全国高考生物 Ⅰ 卷和Ⅱ卷第 37 题，考试内容除 2017 年Ⅱ卷外（传统发酵），全部聚焦微生物培养和筛选（表 5–9），2019 年Ⅱ卷还考查了酶的相关内容。为了更加贴合高考要求，在设计试题时的主要考点是微生物培养、筛选和酶，同时选取了蛋白质分离提纯技术凝胶色谱为考点。

表 5–9　近三年全国高考生物 Ⅰ 卷和Ⅱ卷第 37 题考查情况

全国卷	2019 年	2018 年	2017 年
Ⅰ卷	微生物的培养和筛选	微生物的培养	微生物培养和筛选
Ⅱ卷	微生物培养、筛选和酶	微生物培养、无菌技术	传统发酵

2. 题干和问题设计

题干给出了背景资料，木质素对学生来说是新素材，木质素通过微生物分解在工业生产、环境保护等方面具有广阔前景。背景资料设计整体简约。同时尊重学科本身的发展规律和学生认知规律，关注新信息和旧知识之间的联系。对培养基成分以表格形式呈现，较为直观；而相关实验内容的考查，则通过曲线呈现信息，较为抽象，从而分层次去考查学生理解能力和从题干中获取信息的能力。

四个小题设问紧扣题干，匹配性较好。涉及的考点覆盖面较广，有培养基的配制、灭菌技术、接种方法、蛋白质提纯技术和酶的活性影响因素等高考高频核心考点。难度整体适中并层层递进具有一定的难度梯度。主要考查高考考纲中的 4 个能力要求和核心素养中的科学思维和科学探究。特别是第（1）小题和第（4）小题，要求学生具有较高的分析推理能力和专业表达能力。

总体上来说生物实践类题目在编制过程中要注重生产实践情境的设计，要在新的问题情境中，重点考查学生能否以生命观念为指导，解释生命现象，能否将科学、技术、工程学和数学（STEM）等知识和能力综合运用到实践活动中，解决生活中的实际问题。素材要贴近生活实际，实验研究方法要严谨，数据结果要可靠。设计问题在高中生所能理解的范畴内，且与教材内容紧密联系，具有一定代表性和层次性。

【案例 4】体液调节类原创试题的命制

高考评价体系是新时代高考内容改革的理论支撑和实践指南，为生物学科考试内容改革和命题提供理论依据。一线教师在高考评价体系“一核四层四翼”框架下命制生物学原创试题可以确保教学和考试的有机结合，助力学生的全面发展。

高考评价体系为生物学科考试的考查内容、考查载体和考查要求指明方向。在明确新高考生物学科功能定位的基础上，试题考查新高考生物学科的学科素养、关键能力和必备知识，充分体现基础性、综合性、应用性和创新性，通过设置生活、学习和实践情境，科学实验和探究情境以及生命科学史情境来落实考查内容和要求。[1]

高考评价体系下的生物学试题命制流程，首先是考查内容上，选取教材上的核心主干内容，与新高考生物学科考查的学科素养串联起来；其次，要确定素材，通常选择最新的科研论文为素材来源，科研论文用于创设试题情境，有材料选择领域宽泛、内容丰富，有效避免重题，选择材料真实、权威性好、可信度高等优点。[2] 对科研论文进行加工处理，遵循素材的科学性、适应性、前沿性和真实性；然后，基于“提出问题、开展探究、分析机理、推广应用”的科学探究模式设问；最后通过科学严谨的处理形成对不同层次水平的学科素养的考查。试题初步命制完成后，在模拟演练过程中依据高考评价体系对试题进行修改、反馈和论证，最后试题定型，具体流程如图 5–16。

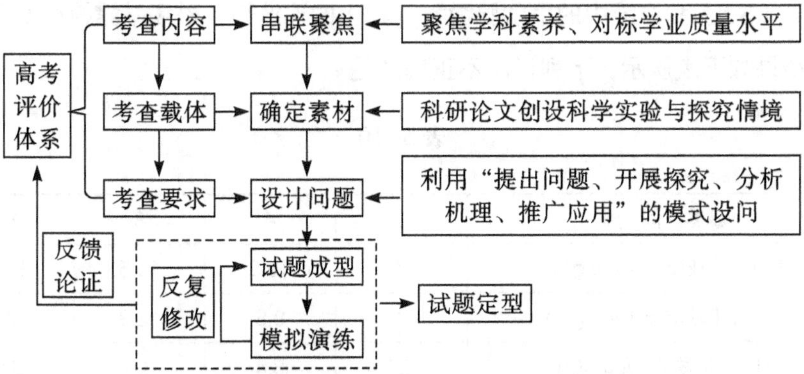

图 5–16　基于高考评价体系的生物学试题命制流程

一、原创试题展示

【例 1】婴儿期，促红细胞生成素 (EPO) 是由肝脏合成的一种糖蛋白激素。某科研小组研究发现，EPO 有促进红细胞生成和保护大脑的作用，其作用机理如图 5–17 所示。下列说法正确的是　　(　　)

图 5–17

A. 由图可知，EPO 作用过程中存在分级调节和反馈调节

B. 早产儿出现缺氧症状时可以通过口服 EPO 来改善症状

C.EPO 通过促进红细胞生成防止缺氧从而起到保护大脑的作用

D. 镰状细胞贫血和缺铁性贫血都可采用 EPO 来治疗

【例 2】2021 年，神舟 12 号载人飞船将 3 位航天员顺利送上太空开展 90

天探测任务，亚磁场环境是宇航员空间探测所面临的不同于地球地磁场环境的主要因素，某研究小组开展成年小鼠脑组织中的5-羟色胺（5-HT）、去甲肾上腺素（NA）和血液中的甲状腺激素（T4）的连续性亚磁场暴露检测及分析，实验结果如下表所示，下列说法不正确的是（　　）

表5-10

暴露时间/周	0	4	8	12
5-HT（亚磁场）/(μg/g)	10	10.5	10.5	10.5
5-HT（地磁场）/(μg/g)	10	9.8	12.3	12.5
NA（亚磁场）/(μg/g)	2.1	3.4	3.4	3.6
NA（地磁场）/(μg/g)	2.1	3.4	3.4	3.5
T4（亚磁场）/(ng/ml)	111	107	106	105
T4（地磁场）/(ng/ml)	111	119	116	118

A.NA既是神经递质又是激素，都可以发挥调节生命活动的作用

B.该研究的自变量是暴露时间和磁场环境类型，因变量是5-HT、NA和T4的含量

C.实验数据表明，亚磁场对小鼠神经系统的干扰超过对内分泌系统的干扰

D.亚磁场降低小鼠T4含量，推测亚磁场长期暴露导致动物发育和认知等功能异常可能与T4有关

【例3】非酒精性脂肪肝（NAFLD）与高血脂密切相关，是我国最常见且增长最快的肝脏疾病。NAFLD会使肝细胞受损导致血液中转氨酶过高，患病后期常并发胰岛素抵抗（机体对胰岛素不敏感）的2型糖尿病。

（1）胰岛素抵抗的2型糖尿病患者体内初期胰岛素含量常常较高，原因是____________________。

（2）辛伐他汀是治疗NAFLD的常用药物，但存在加重肝脏负担的风险。

黄芪多糖是中药材黄芪的主要有效组分，研究发现黄芪多糖具有调节血脂、保护肝细胞等作用。为了研究黄芪多糖对 NAFLD 的疗效和机理，某研究小组开展如下实验。

实验材料：生理状况相同的健康大鼠 40 只，黄芪多糖提取液，辛伐他汀溶液，蒸馏水等。

实验步骤：

a. 将 40 只健康大鼠随机均分为甲、乙、丙、丁 4 组，每组 10 只，其中甲组饲喂普通饲料，乙、丙、丁组饲喂高脂饲料，连续饲喂 6 周。

b. 甲、乙组大鼠灌喂蒸馏水 5ml/d；丙组大鼠灌喂__________，作为阳性对照组；丁组大鼠灌喂____________。四组大鼠连续灌喂 4 周。

c. 在 7、8、9 和 10 周各测一次血脂浓度（mmol/L）和转氨酶浓度（U/L），数据统计并分析。

请设计一个实验结果记录表。

（3）实验数据显示，丙、丁两组大鼠的血脂浓度明显低于乙组，丁组转氨酶浓度明显低于乙，而乙组和丙组转氨酶浓度差异不大。同时，用显微镜等手段统计 10 周时肝细胞的脂滴数目和脂滴面积（反映肝组织脂肪沉积程度），结果如图 5-18。

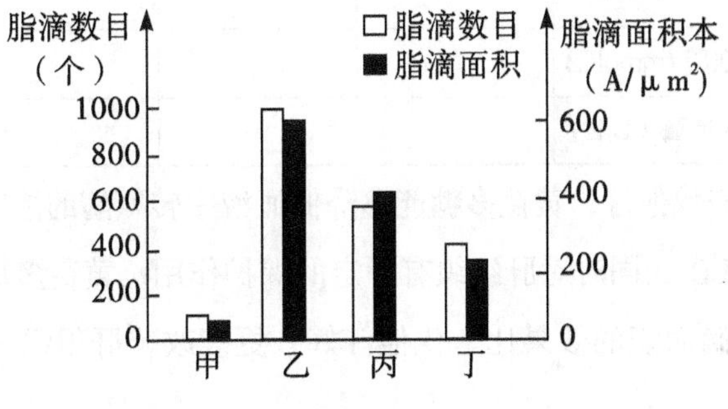

图 5-18

相比辛伐他汀，黄芪多糖治疗 NAFLD 的优势体现在____________。（答出两点）

（4）为加快治疗 NAFLD 药物研发进程，还需进一步探究黄芪多糖的用量，那么本实验应增设的实验组处理是_________________________。

【参考答案】（1）胰岛素促进组织细胞对葡萄糖摄取的效率下降，为了维持血糖平衡，胰岛 B 细胞会代偿性分泌更多的胰岛素

（2）辛伐他汀溶液 5 ml/d；黄芪多糖提取液 5 ml/d；实验结果记录（表 5-11）如下：

表 5-11 处理后大鼠血脂浓度和转氨酶浓度记录表

时间 (w)		7	8	9	10
甲	血脂 (mmol/L)				
	转氨酶（U/L）				
乙	血脂 (mmol/L)				
	转氨酶（U/L）				
丙	血脂 (mmol/L)				
	转氨酶（U/L）				
丁	血脂 (mmol/L)				
	转氨酶（U/L）				

（3）相比辛伐他汀，黄芪多糖能够降低血液中转氨酶的浓度，说明黄芪多糖在改善 NAFLD 的同时对肝组织有一定的保护作用；黄芪多糖降低肝细胞的脂滴数目和脂滴面积的效果比辛伐他汀好，更能改善肝组织细胞的脂肪沉积程度

（4）设置多组等浓度梯度的黄芪多糖提取液处理组

二、试题命制策略

（一）串联聚焦—试题命制的基础

科研论文素材创设的科学实验和探究情境通常对于学生来说是新颖的，但是需要将核心价值、学科素养、关键能力和必备知识进行有机的串联，并聚焦到学科素养上面。学科素养是在复杂情境中对必备知识和关键能力的综合运用，是关键连接层，承接核心价值的方向引领，统摄关键能力与必备知识。体液调节属于稳态与调节模块的核心内容之一，主要落实“内分泌系统产生的多种类型的激素，通过体液传送而发挥调节作用，实现机体稳态”这一重要概念。将科学实验和探究情境与体液调节内容有机整合，聚焦考查学生的知识与观念、科学思维、探究与创新和责任与担当。3道试题的串联聚焦情况见表5–12。

表5–12　三道试题的考查载体与考查内容对应情况

题号	考查载体	必备知识	关键能力	学科素养	核心价值
1	相似情境	激素本质及作用，分级调节和反馈调节	理解能力、解决问题能力	知识与观念	尊重和热爱生命、养成健康生活方式、责任担当
2	陌生情境	激素的迁移运用，实验变量、数据分析	实验探究能力、解决问题能力	科学思维、探究与创新	
3	陌生情境	血糖平衡调节模型，设计实验方案、分析实验结果及结论、进一步设计实验	解决问题能力、实验探究能力、创新能力	知识与观念、责任与担当、科学思维、探究与创新	

（二）确定素材——试题命制的手段

试题的情境是考查目标的载体，用作生物学试题的素材应具有科学探究的科学性、贴近学生实际的适应性、一线科学研究的前沿性和研究内容的真实性。

体液调节题组选用5篇科研论文[3-7]。试题1对论文主干精炼形成题干，重新编排设计试题图片；试题2选用的论文中数据繁杂，为了适应高中生的学习要求和难度，只选择部分数据，将论文中的曲线图简化成表格，更有利于学生分析实验数据；试题3选用NAFLD的防治研究，符合国家大力倡导中医研究的导向，采用最新的文献研究内容，探究中医药物黄芪多糖的疗效及机理，试题背景符合学生的认知，贴近学生的生活实际，同时也保证试题的权威性和科学性。

（三）设计问题——试题命制的核心

利用探究性实验的一般步骤，设计并利用“提出问题、开展探究、分析机理、推广应用”的模式创设不同层级的问题情境，科学合理地设计不同层次学科素养的问题，形成体现基础性、综合性、应用性和创新性四个维度的原创试题对学生进行考查。试题1直接利用科研小组的研究结果来命题，体现模式中的“分析机理”部分；试题2情境更为复杂，体现模式中的“分析机理和推广应用”部分；试题3则完全按照“提出问题、开展探究、分析机理、推广应用”的模式来命制试题，三道试题体现的考查要求和对应课程标准中的学业质量水平如表5-13。

表5-13　3道试题具体体现的考查要求和学业质量水平

题号	考查要求	素养表现	学业质量水平
1	基础性、综合性	信息观、稳态与调节观	生命观念水平二
2	综合性、应用性	分析与综合、得出实验结论	科学思维水平三 科学探究水平三
3（1）	基础性、综合性	稳态与调节观、健康生活意识	生命观念水平三 社会责任水平二
3（2）-①②		设计实验方案	科学探究水平二
3（2）-①	综合性、创新性	抽象与概括、得出实验结果	科学思维水平四 科学探究水平三
3（3）		分析与综合、得出实验结论	科学思维水平三 科学探究水平三

续表

题号	考查要求	素养表现	学业质量水平
3（4）	应用性、创新性	进一步探究的能力、解决实际问题	科学探究水平四 社会责任水平三

（四）演练反馈——试题命制的保障

教师可通过高考评价体系的“一核四层四翼”对试题是否体现“考查内容、考查要求、考查载体”三位一体的系统性进行评价论证。同时也要邀请生物学教师和不同层次的学生进行模拟演练，找出指向不清晰、表达不准确、逻辑不严谨的地方并进行修正，通过多次的演练反馈，最终将试题定型。

三、试题测评分析和应用

将三道试题编排进省级示范性高中的高二学生的统测中，得到试题的测试数据如表 5-14。

表 5-14　三道试题的测试数据

题号	满分	平均分	难度
1	2	1.30	0.65
2	4	2.84	0.71
3	14	7.46	0.53
3（1）	2	1.37	0.69
3（2）-①②	2	1.48	0.74
3（2）-③	4	1.86	0.47
3（3）	4	1.52	0.38
3（4）	2	1.23	0.62

选择题的预估得分率在 65% ~ 70% 之间，从表 3 数据可知，两道选择题的实际得分率分别是 65% 和 71%，试题难度适中，区分度较好。试题 3 的预

估得分率50%左右，实际得分率53%，试题难度适中，第3问学生文字表达能力较弱，扣分较多。

从试题1的错选最多的选项A分析，学生对于分级调节和反馈调剂概念的辨析不清；试题2的错选最多的选项A分析，学生对神经递质和激素的关系认识不清，这都提醒教师在平时教学过程中，要加强概念教学，注重内容对比分析，构建知识框架。试题3的第2问第3空设计实验结果记录表和第3问结合实验数据和题干信息，分析黄芪多糖的优势的得分率最低，提醒教师要重视实验教学，日常教学多给学生机会去表述。整体上来说，学生的实验探究能力、解决问题能力较为薄弱，需要进一步训练和提升，这也是原创试题能够引导教学的具体体现，提醒教师在日常教学中应多创设陌生问题情境，开展多角度的实验探究，促进学生的深度学习和探究。

总之，基于高考评价体系的生物学原创试题命制有助于促进教师的有效教学和学生的深度学习。在命制试题过程中，要反复对照高考评价体系的考查载体、考查内容和考查要求，确保试题命制质量，可以促进生物学科素养的顺利落地，促进学生核心素养的养成。

第六章
原创试题评价

第一节　例谈高中生物原创题的评价与启示

一、原题

为迎接春节的到来，中国人喜好用鲜花点缀房间，其中象征欢乐、喜庆、和睦的唐菖蒲深受人们追捧。请分析回答下列问题：

（1）唐菖蒲的切花、盆栽可用于装饰房间和吸收空气中的 SO_2，由此体现生物多样性的__________价值。唐菖蒲在栽培过程中要注意地理环境的选择和种植数量的控制，这种做法符合生态工程的__________原理。

（2）据报道，有少数人对唐菖蒲花粉过度敏感，容易引发_________，严重者出现持续高烧症状，表明机体__________失调。

（3）由于切花处于离体状态，容易衰老萎蔫，使用预处理液和瓶插液进行处理，能够进行有效缓解，于是小李同学开展了唐菖蒲切花保鲜的探究实验。实验处理及结果如下：

处理 1：用含 30 mg/L 激动素（KT）预处理液处理 24 h，然后瓶插于蒸馏水中；
处理 2：用含 30 mg/L 激动素（KT）预处理液处理 24 h，然后插于含 3% 蔗糖的瓶插液中
处理 3：用含 30 mg/L 激动素（KT）预处理液处理 24 h，然后插于含 3% 蔗糖和 30 mg/L 6– 苄氨基腺嘌呤（6–BA）的瓶插液中

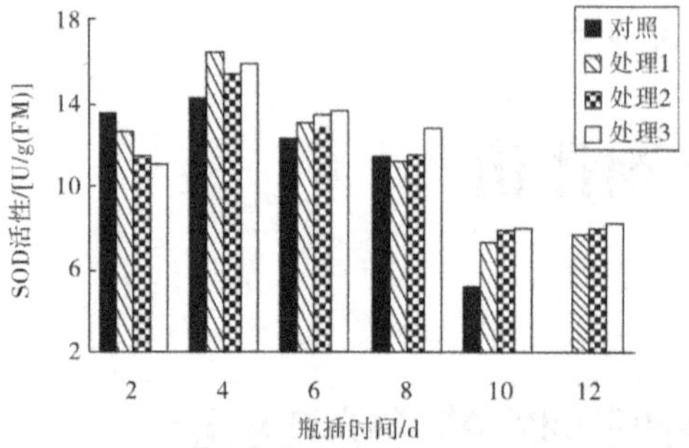

图 6–1 不同处理液对 SOD 活性的影响

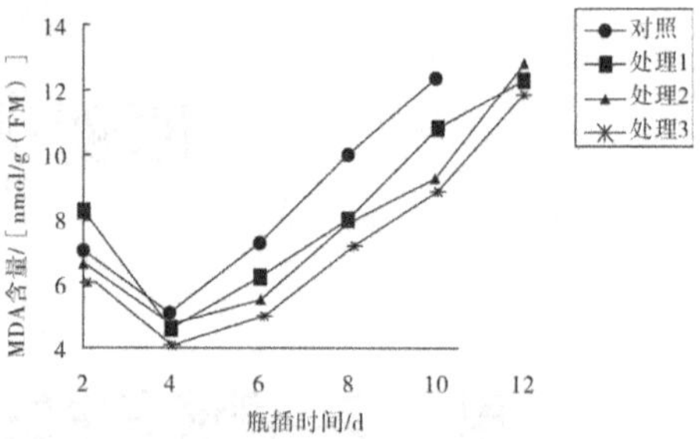

图 6–2 不同处理液对 MDA 含量的影响

①据图 6–1 分析，从瓶插第____天开始，处理 2 和处理 3 切花的 SOD 活性均高于对照组；据图 6–2 分析，实验组均能够在一定程度上____切花 MDA 含量的升高。研究发现 SOD 能够清除生物体内的活性氧，防止活性氧自由基氧化膜脂产生 MDA，保持细胞膜结构和功能的完整性，从而延长切花寿命。因此，植物组织 MDA 含量越高，表明植物抗氧化能力越______。综合图 6–1 和图 6–2 分析，处理____最有利于唐菖蒲切花的保鲜。

② KT 和 6–BA 是两种常见的外源激素，推测其与________激素对切花保鲜的调控有拮抗作用。

③植物衰老过程中表达减弱的基因称为衰老下调基因，反之则为衰老相关基因，小李测定发现切花蛋白质含量随瓶插时间呈下降趋势，则蛋白酶基因属于__________基因。

④瓶插液中添加蔗糖能够为切花提供营养物质，增强细胞呼吸，____________合成增加，从而促进切花开花，提高观赏品质。

【参考答案】（1）直接价值和间接　协调与平衡

（2）过敏反应　内环境稳态

（3）①4；延缓；弱（或“低”或“小”）；3　②脱落酸　③衰老相关　④ ATP

二、试题分析与评价

（一）试题的考点

表 6-1

考纲考点及要求	考点细化	考查能力	分值
1. 生物多样性保护的意义和措施（□）	生物多样性价值的区分	获取信息能力和理解能力	2 分
2. 简述生态工程的原理（□）	原理的区分	获取信息能力和理解能力	2 分
3. 人体免疫系统在维持稳态中的作用（□）	过敏反应	理解能力	1 分
4. 稳态的生理意义（□）	内环境稳态的失调	理解能力	1 分
5. 探究实验（□）	实验结果分析	获取信息能力和实验与探究能力	4 分
6. 其他植物激素（□）	植物激素的作用	获取信息能力和理解能力	2 分
7. 酶在代谢中的作用（□）	蛋白酶的作用	获取信息能力和理解能力	2 分
8.ATP 在能量代谢中的作用（□）	ATP 的作用	理解能力	2 分

从上表中可以发现该题共有 8 个考点，分别包括：必修 1 的酶和 ATP，必修 3 的内环境稳态、免疫、植物激素、生物多样性，选修 3 的生态工程以及实验探究等，有效整合了必修、选修实验的考点，综合性较强，而且上述考点基本都是考纲 □ 级要求，对学生要求较高。在能力考查方面已经包含理解能力、实验与探究能力、获取信息的能力的考查，尤其重视学生获取信息能力的考查，但唯独缺少综合运用能力的考查。

（二）试题的特色

1. 试题素材贴近生活

在命制试题时，选取的素材可以来源于科研论文、大学教材、高中教材和生活实际等。本题从生活实际中选材，而且符合广东特色。春节的时候，广东的很多家庭都会选择切花、盆栽装饰房间，唐菖蒲是世界四大切花之一，家庭使用较多，学生都比较熟悉。因此选择此素材，能够消除学生的陌生感，同时还能体现试题的公平性。而围绕唐菖蒲这个素材设计的实验探究题目是关于如何延缓切花衰老，增加保鲜时间的，具有很大的实用性和浓厚的趣味性，能帮助学生解决生活当中的实际问题。

2. 知识与能力考查相结合，区分度明显

本题在设计问题时由易到难，逐步提升，有很好的区分度。第（1）、（2）题侧重考查学生的基础知识和简单的分析能力。第（1）题考查生物多样性的直接价值和间接价值以及生态工程的协调与平衡原理，学生只需看清题意，回忆课本知识，即可轻松作答；第（2）题考查过敏反应和内环境稳态，只需抓住题干中的关键词“花粉”“过度敏感”和“高烧”，再联系课本基础知识，即可写出正确答案。这两题比较基础，可以让学生轻松进入做题状态。第（3）题的实验探究侧重考查学生的信息获取能力、推理分析能力和准确作答能力，难度有所提升。比如第①小题的第二个空，学生通过分析并根据做题经验（生物题中经常用到“抑制”这个词），容易答成“抑制”，而此题的答案只能是“延缓 / 延迟”，因为实验组与对照组比较，实验组的 MDA 含量依然在升高，只是相比对照组慢一些，如果答成“抑制”MDA 升高，用词就不够准确了，这就考查了学生用词准确性的能力。又比如第①小题的第三个空，考查学生的读题能力和推理分析能力，由于文字较长，因果关系较复杂，学生很可能把题中关系搞混乱，导致无法作答，这就需要学生耐心地去梳理其中关系，然后通过逆推即可得出答案。再比如第②小题考查学生获取文字信息的能力，题干中提到预处理液和瓶插液能延缓切花衰老，说明其中所含的 KT 和 6–BA 两种激素能抑制衰老，那与之拮抗的激素就是脱落酸。还有第③小题同样考查了学生的分析和推理能力，通过逆推才可得出答案。本题既考查学生的基础知识又考查学生理解、推理、分析能力，难易结合，对学生的选拔起到较好的作用。

3. 注重运用文字、图表作为信息载体，考查学生识图、析图能力

研究近5年的广东高考题，不难发现信息类的试题通常占了非选择题总分的50%以上，而试题的新颖度、难度和区分度在一定程度上都借助于信息类题目的创新，因此考查学生从试题中提取和处理信息的能力是近几年广东高考的着力点。信息类题目对能力的考查通常是在分析、理解和应用的水平上考查学生的认识能力，以及对生物学常用图形、表格、文字所表达的内容和含义的正确理解；另一方面是考查学生运用图表的表达方式去描述生物现象和生命活动规律的能力。解答这类试题时，学生务必通读全题，获取、加工和处理题目相关信息与其设问的联系。

本题的设计同样注重对学生文字信息和图表信息的提取、分析和处理能力的考查。除了大量的文字信息隐藏在题干当中外，还有一个表格，一个柱形图，一个曲线图，都包含了大量的解题信息。对图表的分析关键是抓住自变量和因变量，比如题中图1的柱形图，就包含两个自变量处理时间和处理方式，因变量为SOD的活性。因此在分析自变量对因变量的影响时，需要控制其中一个自变量使其相同，来分析另一个自变量对因变量的影响，这样分析得出的结论才是严谨的。题中图2的曲线图的分析也需采用同样的方法。本题中的第（3）题的第①小题就侧重考查了图表分析，而其他小题侧重考查了文字信息的获取与分析。文字信息既可在主题干中出现，也可在小题的题干中出现，有时候前面小题的信息对后面小题的解答有帮助，或者后面小题的题干信息对前面小题的解答有提示作用，这对学生的信息提取能力有较高的要求，比如第（3）题的第②小题，解题的信息除了来自于自身，还来自第（3）题的主题干和图表。

（三）试题的不足

1. 文字偏多，设问形式单一

首先，在高考题当中，一道非选择题的文字量通常不超过 500，以便考生在有限的考试时间当中完成有效阅读和获取信息。本题文字量将近 700，略显累赘，若将题中一些文字适当缩减，会使题目更显精炼，也能紧扣考查目标，避免节外生枝。其次，本题设问形式单一，答案主要以填写生物学概念、词组等形式完成，缺少原因分析、推导结论等文字表述类题目，而这类题目能够考查学生能否用准确的生物学术语解释生物现象，总结生物规律，揭示生物实质，除此之外，本题涉及实验探究，只侧重实验结果分析的考查，忽略了实验数据处理、实验图表绘制等核心考点，因此在实验考查方面略显单一。第三，本题共设有 11 个空需作答，而总分值只有 16 分，其中 6 个空为 1 空 1 分，5 个空为 1 空 2 分。设空太多，可适当缩减某些题目，而增添分值高于 2 分的问答题，以利于形成区分度。

2. 细节处理不够

本题中一些细节处理还不够成熟，比如图表设计不够简洁美观。对于来自科研论文的图表数据，不能完全照搬过来，可先进行适当加工处理，包括删除与题目无关的实验指标和数据，整合所用数据构建新的图表，替换掉过于生僻的生物学名词等。本题中的图表，尤其是曲线图中的曲线相互干扰较大，不易看清，命题者应该按照实验数据重新绘制。

三、命制生物原创题的启示

（一）要命好原创题，素材的搜集和积累是关键

命题素材的来源主要有以下几个方面，平时要注意搜索和积累。①挖掘高

中课本内容。学生在学习课本知识的时候，总会存在一些知识盲点，如果围绕学生的盲点考查一些内涵的东西，针对性就比较强，对学生知识的提升有极大帮助。②从高校教材中选取。虽然大学的内容，高中学生还未学到，但可以选用大学教材中一些新鲜内容和图表，而考查的知识内容依然是高中范围，体现“高起点、低落点”。③从一些热门的科技报道和最新的科研论文中收集。科技发展是热点问题，也是高考喜欢考查的问题，平时需多关注新闻报道和多浏览最新的科研论文，发现并积累一些有价值的命题素材。④联系生活实际，发现有意义的问题。生物学与生活联系紧密，用所学知识解决生活的实际问题，更有价值。

（二）要命好原创题，清晰的命题思路和严谨的命题流程是核心

如今比较常用的命题程序是：确定目标—选择素材—设计框架—初步编写—推敲修改—测试定稿，其中的每一个环节都要做到细致入微，严谨准确，切忌天马行空，任意妄为，否则命出的题目质量低劣，不达目标。在命题流程中，推敲修改尤为重要。首先要推敲题目中文字表述是否准确、严谨，切忌词不达意，晦涩难懂，甚至出现科学性错误。其次检查题目中的图表设计是否清晰直观，避免给考生造成不必要的识图障碍。第三，反思考查目标是否符合新课标、考纲，是否符合教学实际，杜绝超纲、偏纲。第四，研究题目中条件、设问和答案是否符合逻辑，是否统一规范，避免逻辑混乱，方向偏离。当局者迷，旁观者清，命好的题目不仅要反复推敲，而且要请专业人员审稿指正。

总之，要命好生物原创题，需要投入大量的时间和精力去研究、去实践；同时，保持严谨认真的命题态度，使用科学高效的命题方法，命好生物原创题也并非难事。

第二节　SOLO 分类理论及对试题能力要求的评价

一、SOLO 分类理论简介

“SOLO”，是英文“Structure of the Observed Learning Outcome”的缩写，意为：可观察的学习结果的结构，这种衡量学生解决一个问题时所达到的思维高度的评价方法就称为 SOLO 分类评价法。是由香港大学教育心理学教授比格斯（J.B.Biggs）首创的一种学生学业评价方法，是一种以等级描述为特征的质性评价方法。根据 SOLO 分类评价法，比格斯把学生对某个问题的学习结果由低到高划分为五个层次：前结构、单点结构、多点结构、关联结构和抽象拓展结构，具体含义如下：

（1）前结构层次 (prestructural)：学生基本上无法理解问题和解决问题，只提供了一些逻辑混乱、没有论据支撑的答案。

（2）单点结构层次 (unistructural)：学生找到了一个解决问题的思路，但却就此收敛，单凭一点论据就跳到答案上去。

（3）多点结构层次 (multistructural)：学生找到了多个解决问题的思路，但却未能把这些思路有机地整合起来。

（4）关联结构层次 (relational)：学生找到了多个解决问题的思路，并且能够把这些思路结合起来思考。

（5）抽象拓展层次 (extended abstract)：学生能够对问题进行抽象的概括，从理论的高度来分析问题，而且能够深化问题，使问题本身的意义得到拓展。

从 SOLO 5 个层次分类中我们就可以看到，前 3 个层次是基础知识的积累，而后 2 个层次是理论思维的飞跃。而要实现思维能力的突破，又离不开基础知识的积累。SOLO 评价法与传统的评价法的区别也是巨大的，它力求能够准确评价学生思维能力、认知水平所能达到的深度和广度，而非将学习结果简单划分为对或错。

简单的情境活动与 SOLO 五个层次分类中的第 3 个层次类似。此类情境活动中，单凭一点论据就跳到答案上去，即面对问题时只需要调动某一知识点或某种基本能力便可解决。复杂情景活动与 SOLO 5 个层次分类中的第 4、第 5 个层次类似，此类情境活动涉及的是复杂的认知活动，主要考查学生综合运用知识和能力应对复杂问题的水平，学生找到了多个解决问题的思路，并且能够把这些思路结合起来思考。能够对问题进行抽象的概括，从理论的高度来分析问题，而且能够深化问题，使问题本身的意义得到拓展。

二、SOLO 分类理论对试题能力要求的评价

高考主要考查学生四种能力：理解能力、获取信息能力、实验与探究能力、综合运用能力。在高考遗传部分四种能力要求均有体现，例如 2016 年的全国 I 卷（见表 6–2）。

表 6–2

题号	考查内容及要求	体现的能力要求
6	现代生物进化理论的主要内容（□） 人类遗传病类型（□） 伴性遗传（□）	理解能力
29	DNA 分子复制（□）	理解能力；综合运用能力
32	孟德尔遗传实验科学方法（□） 分离定律（□） 伴性遗传（□）	获取信息能力 实验与探究能力 综合运用能力

为了更好地对 4 种能力要求有一个定量和定性分析，我们利用 SOLO 分类理论对高考试题进行分析评价，以期更准确把握高考能力要求。SOLO(Structure

of the Observed Learning Outcome）分类法是指可观察到学习结果的结构，是教育心理学家彼格斯及其团队首先提出的，将学习结果划分为 5 个不同层次进行评价的分类法，基本核心内涵可用图 6–3 表示。

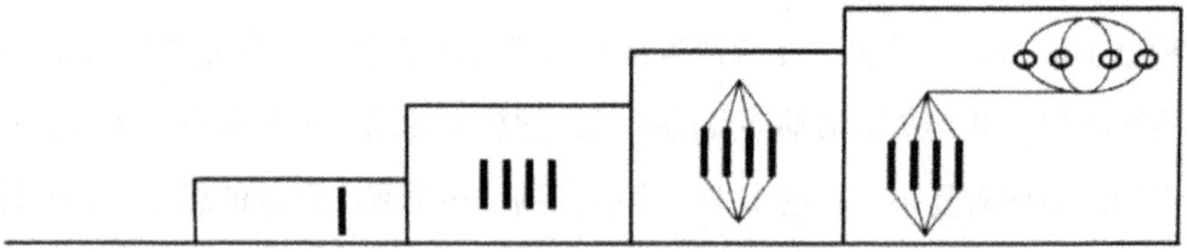

图 6–3　SOLO 分类法结构模型

通过图 6–3 可以看出，前结构水平（P）是指不具备问题的简单知识；单点结构水平（U）和多点结构水平（M）代表掌握知识点的多少，每个竖条代表一个知识点；关联结构水平（R）是将各个知识点连接成一个整体，代表知识点的整合；抽象拓展结构水平（E）代表知识的迁移和拓展，能概括出抽象理论。该理论划分的 5 个层次中，前 3 个主要是对学生学习“量”方面的测量评价，而后 2 个结构层次是对学生学习更高层次的“质”方面的评价，可以看出 SOLO 分类理论可以描述学生由浅入深的学习过程，可以准确描述学生学习程度的广度和深度。因此，近年来该理论逐渐应用于教学评价、试题分析等方面。现就四种能力对应的 SOLO 分类理论进行举例解读。

（一）理解能力

【例 1】（2013 年全国Ⅰ卷第 2 题）关于同一个体中细胞有丝分裂和减数第一次分裂的叙述，正确的是　（　　）

A. 两者前期染色体数目相同，染色体行为和 DNA 分子数目不同

B. 两者中期染色体数目不同，染色体行为和 DNA 分子数目相同

C. 两者后期染色体行为和数目不同，DNA 分子数目相同

D. 两者后期染色体行为和数目相同，DNA 分子数目不同

理解能力要求学生能把握知识间内在联系，形成网络，并能运用知识通过比较分析等方法对生物学问题进行解释、推理，作出合理判断。该题考查了有丝分裂和减数分裂不同时期的染色体、DNA 含量变化，还有染色体的行为变化。要求学生能准确理解两者上述知识点，并能对比分析作出准确判断，这时理解能力要求较高，达到了 SOLO 分类理论的关联结构水平（R 级）。

（二）实验与探究能力

【例 2】（2016 年全国 Ⅰ 卷第 32 题）已知果蝇的灰体和黄体受一对等位基因控制，但这对相对性状的显隐性关系和该等位基因所在的染色体是未知的。同学甲用一只灰体雌蝇与一只黄体雄蝇杂交，子代中♀灰体：♀黄体：♂灰体：♂黄体为 1：1：1：1。同学乙用两种不同的杂交实验都证实了控制黄体的基因位于 X 染色体上，并表现为隐性。请根据上述结果，回答下列问题：

（1）仅根据同学甲的实验，能不能证明控制黄体的基因位于 X 染色体上，并表现为隐性？

（2）请用同学甲得到的子代果蝇为材料设计两个不同的实验，这两个实验都能独立证明同学乙的结论。（要求：每个实验只用一个杂交组合，并指出支持同学乙结论的预期实验结果。）

实验与探究能力要求学生具备验证简单生物学事实的能力，并能对实验现象和结果进行解释、分析和处理；具有对一些生物学问题进行初步探究的能力。该题目主要考查学生逻辑推理能力、设计实验从事科学研究的创新能力。学生要解决好该题目，要求对孟德尔分离定律、摩尔根果蝇实验和伴性遗传的实质有着深刻清晰的认识和理解。要求学生能运用所学知识与观点，通过类比（同摩尔根果蝇实验）、对比（正反交）找突破口，然后借助分析与总结等方法对

生物学实际问题进行实验设计、推理解释得出正确结论。该题目要求答案能抽象概括，从理论高度分析问题、深化问题，使问题本身意义得到拓展，甚至可以指导生产实践，达到了 SOLO 分类理论的抽象拓展结构水平（E），难度较大。

（三）获取信息的能力

【例 3】（2015 年全国 I 卷第 5 题）人或动物 PrP 基因编码一种蛋白 (PrP^{C})，该蛋白无致病性。PrP^{C} 的空间结构改变后成为 $PrPs^{C}$ (朊粒)，就具有了致病性。$PrPs^{C}$ 可以诱导更多 PrP^{C} 的转变为 $PrPs^{C}$，实现朊粒的增殖可以引起疯牛病。据此判断下列叙述正确的是（　　）

A. 朊粒侵入机体后可整合到宿主的基因组中

B. 朊粒的增殖方式与肺炎双球菌的增殖方式相同

C. 蛋白质空间结构的改变可以使其功能发生变化

D.PrP^{C} 转变为 $PrPs^{C}$ 的过程属于遗传信息的翻译过程

获取信息能力要求学生能从课外材料中获取相关的生物学信息，并能运用这些信息，结合所学知识解决相关的生物学问题；关注对科学、技术和社会发展有重大影响和意义的生物学新进展以及生物科学发展史上的重要事件。疯牛病发生是生物学发展史上重要事件。该题目以疯牛病的起因为背景，主要考查学生从题干获取信息能力以及对知识的运用能力。以 SOLO 分类理论来看，A 选项要考虑朊粒的本质（蛋白质）和基因组的本质（DNA）不同，通过比较可知无法整合，B 选项要根据题意推理朊粒增殖方式是靠蛋白质的转变实现的，而细菌的分裂方式为二分裂，进行比较得出方式不同，因此这两个选项对学生考查达到了关联结构水平（R）。C 选项只考虑蛋白质结构与功能的关系，只达到单点结构水平（U）。D 选项学生不仅要推理出 PrP^{c} 转变为 PrP^{sc} 的过程可理解为蛋白质为模板合成蛋白质，还要知道翻译的过程是通过 RNA 来合成蛋白质，然后比较得出结论，因此 D 选项也达到了关联结构水平（R）。因此从整体上看该题目达到了 R 级水平。

（四）综合运用能力

综合运用能力是指能够“理论联系实际，综合运用所学知识解决自然界和社会生活中一些简单的生物学问题”。

【例 4】（2012 年全国 I 卷第 31 题）一对毛色正常鼠交配，产下多只鼠，其中一只雄鼠的毛色异常。分析认为，鼠毛色出现异常的原因有两种：一是基因突变的直接结果（控制毛色的基因显隐性未知，突变只涉及一个亲本常染色体上一对等位基因中的一个基因）；二是隐性基因携带者之间交配的结果（只涉及亲本常染色体上一对等位基因）。假定这只雄鼠能正常生长发育，并具有生殖能力，后代可成活。为探究该鼠毛色异常的原因，用上述毛色异常的雄鼠分别与其同一窝的多只雌鼠交配，得到多窝子代。请预测结果并作出分析。

（1）如果每窝子代中毛色异常鼠与毛色正常的鼠比例均为______，则可推测毛色异常是___性基因突变为___性基因的直接结果，因为_______。

（2）如果不同窝子代出现两种情况，一种是同一窝子代中毛色异常鼠与毛色正常鼠比例是___，另一种是同一窝子代全部表现为______鼠，则可推测毛色异常是隐性基因携带者之间交配的结果。

综合运用能力是指能够“理论联系实际，综合运用所学知识解决自然界和社会生活中一些简单的生物学问题”。该题就是要求学生综合运用所学知识解决自然界和社会生活中生物学问题的典型例题。考查学生是否能深层次运用分离定律来推理判断，从而得出正确结论解决实际问题。知识层面涉及基因突变、基因与性状的关系、杂交、测交等方面，能力上要求学生能具备较好的推理能力、对比分析能力、总结能力、表达能力等。从 SOLO 分类上来看，该题目要求学生能联想多个要点，并能将多个要点联系起来形成一个整体，真正理解问题，达到了关联结构水平（R）。

近年全国高考要求不断优化，考试内容体现基础性、综合性、应用性和创新性。今后的高考生物试题，将更加注重理论联系实际，强调学以致用，考查考生在真实情境中分析问题和解决问题的能力。因此在高三复习中要针对四大能力要求进行针对性的训练，选择和原创编制一批精品试题提升学生四大能力。

第三节　例谈 SOLO 分类理论在高中生物原创试题评价中的应用

一、SOLO 分类理论的评价作用

双新背景下要求对学生的评价体系不仅要关注学生的学习结果，还要注重学生的学习状态和过程，提倡利用多种评价方式、手段和工具来综合评价学生的学习。学生完成试题的质量在一定程度上反映了其学习的效果和对知识的认知水平，试题能否对学生的学习进行有效评价就要看试题本身的质量。通过教学实践发现运用 SOLO 分类理论评价试题是较为合理的一种评价途径，不仅可以对习题进行有效性评价，还可以借助该方法评价和估量学生学习水平和能力，教师可根据反馈结果针对性指导学生学习，从而提高教学效果。

二、SOLO 分类理论在生物试题评价中的应用

一道题目能否准确考查出学生的知识水平和思维层次，是否具备较好的选拔、反馈功能。SOLO 分类理论就是从这些方面入手对试题进行评价。下面就通过一些试题来举例说明如何运用 SOLO 分类理论来评价生物试题。

【例 1】（2015 年佛山市第一次教学质量检测）下列有关蛋白质说法正确的是　　　　　　　　　　　　　　　　　　　　　　　　　　　　　　（　　）

A. 蛋白质不参与生物膜系统的构成

B. 抗体在细胞内液和细胞外液都起作用

C. 蛋白类激素都可以起到信息分子的作用

D. 蛋白质进出细胞需要载体蛋白的参与

该题目主要考查学生对蛋白质功能的掌握程度，要求学生有一定的基础知识和发散思维能力，由于每个选项只考到一个知识点，而且各个选项考查点没有联系，因此该题目对学生的考查达到 SOLO 分类中的多点结构水平（M）。

【例 2】（2015 年广东高考）泡菜是我国的传统食品之一，但制作过程中产生的亚硝酸盐对人体健康造成危害。某兴趣小组准备参加“科技创新大赛”，查阅资料得到图 6–4。

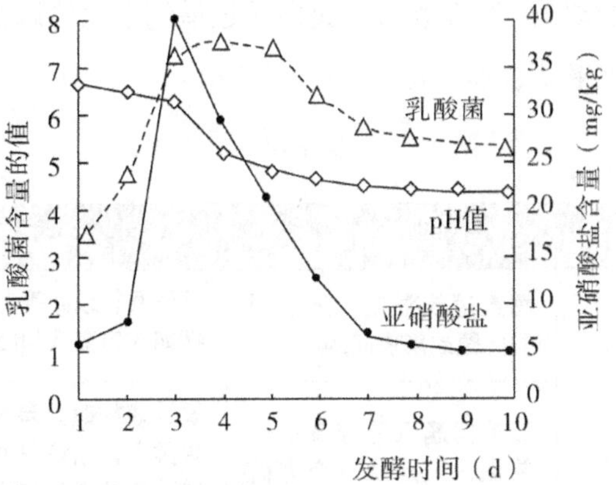

图 6–4

（1）制作泡菜时，泡菜坛一般用水密封，目的是______。乳酸菌发酵第一阶段的产物有______。

（2）据图，与第 3 天相比，第 8 天后的泡菜更适于食用，因为后者

______；pH 值呈下降趋势，原因是______。

（3）该小组得到一株“优选”乳酸菌（亚硝酸盐还原酶活力比普通乳酸菌高 5 倍），拟参照资料的实验方案和食盐浓度（4%–10%），探究与普通乳酸菌相比用“优选”乳酸菌制作泡菜过程中亚硝酸盐含量的高低，并确定其最适条件，请你设计一个实验结果记录表，并推测实验结论。

该题目第（1）小题考查较为简单，属于单点结构水平（U）。第（2）小题要根据图中所示曲线推理、对比分析才能得出结论，学生要从酸度影响口感、健康两个方面综合考虑才能完整、准确回答相关问题。该小题考查学生的获取和整合信息、推理、表达等能力，达到了 SOLO 分类评价理论的关联结构水平（R）。第（3）小题既是一道具有开放性质的实验探究设计题目，要求学生具有较好的探究、创新、表达等能力。学生不仅要确定自变量（乳酸菌种类、时间、食盐浓度等）、因变量，还要考虑对照、单一变量等实验原则，表格设计的准确性、完整性更是对学生提出了更高的要求。为了更好的显示 SOLO 分类理论对试题的评价效果，我们通过举例学生答题情况来展示试题所考查能力所达的水平（表 6–3）。

表 6–3

试题所考查能力水平	典型特征	学生答题情况举例
前结构水平（P）	思维逻辑混乱，无法理解问题或解决问题	无法回答或回答完全错误，例如对自变量和因变量的理解相反
单点结构水平（U）	回答问题只能涉及单一要点，只能从一个方面回答问题	设计表格时只考虑一个自变量（菌种种类），结论只回答优选乳酸菌比传统乳酸菌在制作泡菜过程中产生的亚硝酸盐含量低
多点结构水平（M）	回答问题能考虑多个要点，但要点之间无关联	设计表格时不是将菌种、时间、盐浓度等变量设计到一个表格中，而是分别设计两个或三个表格，每个表格只有一个自变量

续表

试题所考查能力水平	典型特征	学生答题情况举例
关联结构水平（R）	回答问题能联想多个要点，并能将多个要点联系起来形成一个整体，真正理解问题	表格设计有序、合理、简洁、完整，能将多个变量（多个自变量和因变量）设计在 1 个表格中；能够根据题干信息和图示准确找到 3 个自变量即菌种、时间、盐浓度对因变量亚硝酸盐含量产生的影响，并将 4 个变量有机融合在一个表格中
抽象拓展结构水平（E）	回答问题能抽象概括，从理论高度分析问题、深化问题，使问题本身意义得到拓展，甚至可以指导生产实践	能够根据图表准确分析、全面得出结论：适中盐浓度条件下，用“优选”乳酸菌制作的泡菜亚硝酸盐含量比普通乳酸菌低，且在第 8 天后，亚硝酸盐含量下降到较低水平，酸度适宜，适合食用

通过上面举例可以看出 SOLO 分类理论不仅可以对试题进行有效评价，还可以通过学生答题情况对学生进行学习效果的评价，而且这种评价达到了质的水平，教师可以推断出学生对问题的理解、思维层次，从而达到完善试题、改进教学的目的。因此，SOLO 分类理论是值得广大教师学习和运用的。当然 SOLO 分类理论也有不足之处，比如等级划分区分度较低，需要在某些水平上继续细分等级；只能评价试题和学生学习的层次，不能涉及情感、价值观等方面。因此要结合其他的评价方法共同评价，发挥各自的优点，取长补短，才能对试题和学生有客观、公正、全面的评价。

参考文献

[1] 教育部考试中心:《中国高考评价体系》，人民教育出版社，2019。

[2] 杨帆、郭学恒:《基于高考评价体系的生物科考试内容改革实施路径》,《中国考试》2019 年第 12 期。

[3] 中华人民共和国教育部:《普通高中生物课程标准 (2017 年版)》，人民教育出版社，2017。

[4] 彭辉武等:《珠海淇澳岛红树林对重金属吸附能力的研究》,《林业实用技术》2013 年第 9 期。

[5] 张琳杰等:《传统农业生态系统的农业面源污染防治作用》,《生态经济》2014 年第 5 期。

[6] 陈建军等:《高效木质素降解菌的筛选及产漆酶条件的研究》,《甘肃农业大学学报》2018 年第 4 期。

[7] 马书娟:《柴胡疏肝散对抑郁症模型大鼠 HPA 轴功能的影响》,《中国中医基础医学杂志》2014 年第 9 期。

[8] 赵慧源:《柴胡皂苷 a 对抑郁模型大鼠脑内神经递质及行为学的影响》,《中国医学创新》2021 年第 12 期。

[9] 邱栋梁、刘星辉:《模拟酸雨对龙眼叶绿体活性的影响》,《应用生态

学报》2002 年第 12 期。

[10] 陈凤灵等:《广东省佛山市一起登革热暴发疫情的调查》,《国际流行病学传染病学杂志》2014 年第 41 期。

[11] 杜传书:《漫谈蚕豆病和葡萄糖 -6- 磷酸脱氢酶缺乏症》,《新医学》2001 年第 11 期。

[12] 闻真珍:《细胞分裂素对金钗石斛开花及其 VRN1-like 基因表达的影响》,《华南师范大学学报》2013 年第 7 期。

[13] 杨帆、李秀芹:《高考生物:考什么、怎么考?》,《中国考试》2017 年第 3 期。

[14] 吴成军:《考查生物核心素养体现立德树人的国家意志——兼评 2018 年全国高考生物试题》,《中国考试》2018 年第 10 期。

[15] 王海英:《系统思维与全局设计——成功教育改革的前提条件》,《湖南师范大学教育科学学报》2014 年第 7 期。

[16] 苗东升:《论系统思维(一)—— 把对象作为系统来识物想事》,《系统辩证学学报》2004 年第 7 期。

[17] 朱红映:《新课程背景下生物学高考的能力要求和应对策略》,《生物学教学》2013 年第 9 期。

[18] 吴成军:《基于生物学核心素养的高考命题研究》,《中国考试》2016 年第 4 期。

[19] 于永:《生物学"核心素养"中科学思维测评与命题的思考》,《教育与教学研究》2018 年第 9 期。

[20] 王润英:《基于能力训练的高三生物学教学》,《生物学通报》2015 年第 5 期。

[21] 吴维宁、李佳、孔惠斯:《SOLO 试题的编制与质量检测》,《教学与管理》2009 年第 3 期。

[22] 杨振峰，贾林芝:《生命科学高考主观题评分方法与学生能力培养》，《生物学通报》2011 年第 10 期。

[23] 周业宇:《基于试题要素的生物学实验试题三维审视》，《生物学教学》2013 年第 12 期。

[24] 周天骄等:《植物光呼吸途径的调控和优化策略》，《浙江大学学报（农业与生命科学版）》2020 年第 3 期。

[25] 董玉梅、李杰:《例谈 SOLO 分类理论在高中生物试题评价中的应用》，《中学生物教学》2015 年第 11 期。

[26] 黄仙保:《劳动教育内容在高考中的呈现和教学——以 2020 年全国卷第 30 题为例》，《中学生物教学》2020 年第 10 期。

[27] 黄仙保:《彰显科学思维的遗传类高考试——2021 年广东卷第 20 题为例》，《中学生物学》2022 年第 3 期。

■ 后记

新一轮的课程改革正如火如荼全面开展，基于生物学科的学科属性，如何“立德树人”，如何通过平时教学来培养适应未来社会发展、促进社会发展的人才，是笔者一直以来深入思考和探索的命题。通过精品试题来对学生进行价值引领、能力提升是实现“立德树人”重要的途径之一，通过长期的原创试题命制研究和实践，笔者认为通过精品试题培养学生生物学素养最重要的是做到两点：一是让学生要着重解决真实情境下的问题。因为生产实践类情境问题与学生生活密切相关，更具思维情趣，更能引发学生主动思考。学生通过思考将知识内化，训练了思维的灵活性、概括性和批判性。生物学科是建立在实验基础上的一门学科，实验探究能力和科学探究精神是生物学核心素养的重要方面。科学实验和科学探究等真实情境问题更能训练学生思维的发散性、逻辑性和系统性，通过实验方案的设计和实施、结果的分析、得出结论等问题的解决，促使学生分析、综合和创新等高阶思维的发展。二是要设计出有思想力的问题。有思想力的问题是学生进行深度学习的前提。有思想力的问题是有思考价值、激发学生思考欲望、拓展学生思想维度、发展学生思维品质的高效问题。具有思想力的问题不一定有趣，但一定不是肤浅的、没有目的指向的问题，而是具有明确指向、直指核心概念的问题，是可以体现思维的逻辑性、发散性和创造性的问题，是能够帮助学生准确理解和应用知识，促进学生关键能力提升和生物学素养发展的问题。要命制出精品试题，教师首先要成为有思想力的人。教师要努力探索与实践，对自然、生活和生产有着更广博的见识，对教材有着更深邃的思考和独特的见解，对生物学科知识、科学本质及其规律有着更加准确的理解，对学生学情有着更加精准的把控。

广东省中小学“百千万人才培养工程”培养项目是由广东省教育厅牵头和实施，其目的是落实国家关于全面深化新时代教师队伍建设改革的决策部署，进一步加强我省中小学教师队伍建设，培养造就一批教育家型教师、卓越教师和骨干教师。笔者非常荣幸入选高中理科名教师培养对象。在省教育厅、“百千万人才培养工程”项目办、华南师范大学教育学部的大力支持和帮助下，通过各项培训学习和实践交流，笔者在教学教研等方面有了显著提升，也实现了该书的撰写和出版。在此表示衷心的感谢！

感谢笔者主持的广东省教育科学“十三五”规划课题组核心成员黄仙保、杨毅、董玉梅等老师对本书的大力支持！感谢南海区教育发展研究中心蒋文老师的指导和帮助！还要感谢广东人民出版社的有关领导和责任编辑，他们的专业精神和负责态度是本书能够顺利出版的重要保障！感谢关心和支持本书出版的所有人！

著　者